バラはだんぜん無農薬

9人9通りの米ぬかオーガニック

梶浦道成《かじうらみちなり》＋小竹幸子《おだけゆきこ》編

巡る季節に歩をあわせ

“ちょっとのお世話”をするだけで、

バラはすこやかに育ちます。

そして庭にはたくさんの生命があふれだし、

ガーデニングの愉しみは、

ひときわ深くひろがっていくのです。

自然にさからうことのない、

豊かな有機のバラ庭づくり。

あなたも今日からご一緒に。

梶浦道成

ジョルジュ・ヴィベール（ガリカ）
赤紫のクレマチスや、
水色のニゲラとともよく似合う

写真：鵜飼寿子

ピンク・グルス・アン・アーヘン
（フロリバンダ）

シュネープリンセス（ポリアンサ）の蕾
紫のゲラニウム・ピルウォーリスの花にミツバチがやって来た
白い花は斑入りオステオスペルマム、ザイール・バリエガータ

はじめに

「バラを無農薬で育てたい！」

これは、この本に集った仲間たち全員の強い思いです。

●十人十色のバラ庭づくり

今から15年ほど前のこと、無農薬でバラ栽培を志す全国のバラ仲間がインターネットでつながりました。マニュアルのないところからのスタートでしたが、さまざまな試行錯誤を繰り返しながらみんなで成果を報告し合い、実践を積み重ね、やがて、無農薬で美しいバラ庭を維持することは決して特別なことではないと、仲間の誰もが感じるようになりました。（その時から、このような本を世に出すことが私たちの次の夢になりました。そして今、それが実現したというわけです！）

私の実践については、『無農薬でバラ庭を～米ぬかオーガニック12カ月』（築地書館）で詳しく紹介しましたので、すでにご存じの方もいらっしゃるかもしれません。

しかし、無農薬のバラ庭づくりの方法は、私のやり方がすべてではありません。マニュアルのない中、みんなで試行錯誤しながら、自分流の無農薬のバラ庭づくりの方法を見いだしてきたのですから、十人いれば十通りのやり方があるのです。

この本では、私以外の9人の仲間たちの実践について、詳しく紹介しています。

●十通りとはいうけれど……

十人十色というと、一人ひとりまったく違う栽培法であるかのように感じるかもしれませんが、じつは、私も含めて仲間たちみんなに共通していることがいくつかあります。

○善玉菌でいっぱいの、土づくり、庭づくりをしていること

○虫や生き物たちを観察し、よく知っていること

○バラだけではない、多様性のある庭をつくっていること

これらのキーワードで仲間たちの実践をひもといていくと、きっとみなさんのお庭に合ったオーガニックなバラ庭づくりのヒントが見つかると思います。

●それぞれの実践のポイント

9人の仲間たちの実践を簡単に紹介しましょう。

この本の編者の一人、梶浦道成さんは、都会の真ん中で欧州の街角のように美しい一坪・壁バラ庭をつくっています。長年、無農薬でのバラ栽培法について実践を報告し合い、「米ぬかオーガニック」もともに追求してきました。栽培法のポイントは、土にすむ善玉菌で発酵させた米ぬかや有機物マルチによる土づくりと、都会の壁庭を訪れる虫や生き物たちをよく観察することで得られた防除法です。おおらかで豊かな感性にもとづいた梶浦さんの庭づくりは、いつまでも私たちの憧れです。

九州に住む松本隆司さんは、医師という忙しい仕事のかたわら、自宅の壁をバラで埋めつくし、南国特有

の高温多湿な環境に負けないバラ庭を無農薬で実現しています。栽培法のポイントは、南国の虫の害に負けない、手づくり散布エキスの工夫です。同時に、市販の種菌を使った米ぬか発酵肥料と地域の資材を活かした有機物マルチで、土づくりに力を入れています。さすがと思わせる力強い栽培法です。

佐藤和彦さんは、都会のマンションのベランダで、オールドローズを中心とした「空中バラ園」を営んでいます。鉢やベランダでの栽培を考えていらっしゃる方には大いに参考になるかと思います。栽培法のポイントは、佐藤流オーガニック・スプレーと手づくり菌液でバラを守り、鉢土を健康に保つために馬糞堆肥を工夫して使っていることです。細やかに心を配り、ちょっと手間をかけるだけで、ベランダという限られた環境でも豊かで美しいバラたちと暮らせるというのは、嬉しい報告です。

東京の郊外に住む神吉晃子さんは、オーガニックの精神を語っています。小さなころから生き物好き・虫好きの彼女の目は、庭にすむすべての生命に対する慈しみにあふれています。栽培法のポイントは、庭の生き物たちを観察し、誰がどんな役割をしているかをよく知っていることです。また、簡単な仕組みの生ごみ堆肥の機械と米ぬかを使って、有機物を庭に還しています。日々の小さな労力で得られる豊かな庭の楽しみに、心から癒されます。

埼玉県の中村敦子さんは、果樹や野菜と共生する、自然体のバラ庭をつくっています。敦子さんにかかっては、雑草すら大切な庭の一員！　おおらかで楽しいバラ庭づくりです。栽培法のポイントは、「まくのが好き」というバラの活力剤となる散布液のブレンドの工夫です。また、手づくり菌液や米ぬか、馬糞堆肥による土づくりも簡単で効果的。思わず、時を忘れるバラ庭です。

大石忍さんも、無類の生き物好きです。都会の郊外で、バラだけでなくたくさんの犬や猫たちとともに暮らしています。彼女の庭は樹木の庭です。日当たりが大切なバラ栽培では不利な条件と思われがちですが、品種選びや日々の観察によって見事にクリア。栽培法のポイントは、日々の生ごみをそのまま庭に還す土づくりと、環境に合った育て方の工夫です。無農薬は動物たちにも安心です。

水戸市の片寄敬子さんは、オールドローズを中心とした素晴らしい香りのバラ庭をつくっています。栽培法のポイントは、生ごみでつくる米ぬか発酵堆肥と、庭の残渣による有機物マルチ、発酵肥料や炭、木酢液を使った微生物いっぱいの土づくりです。キッチンから出る生ごみを米ぬかで発酵させ、庭の残渣と一緒に土の上で分解させてしまいます。発酵肥料づくりも今やお手のもの。豊かな土づくりに支えられて、6月初旬にいっせいに花咲く片寄さんのバラ庭は圧巻です。

福島県の中村良美さんは、美しく調和したバラと宿根草の庭をつくっています。寒冷地のバラ栽培ですが、季節の歩みに逆らわない自然体の庭づくりです。栽培法のポイントは、自家製馬糞堆肥を使った有機物マルチによる土づくりです。ちょっとひと手間かけるだけで、年間通してとてもラクにオーガニック栽培ができるというお手本のような実践です。バラと草花の取り合わせも見逃せません。

山梨県の矢崎恵子さんは、自然あふれる地域の環境を活かし、循環型の庭づくりをしています。バラだけでなく、樹木や山野草の生い茂る庭はまるで別天地です。バラの生命力を信じ、適切な世話をすることで、神秘的ともいえる美しいバラ庭を実現しています。栽培法のポイントは、庭の残渣や生ごみを土に還す循環型の土づくりです。また、発酵肥料の新しい方向性として嫌気性の微生物を使う方法を試みています。チャレンジ精神に富んだ実践は、新しい栽培法へのヒントとなるでしょう。

●夢がかなうとき

「夢は、あきらめなければいつかきっとかなう……」といいますが、バラのオーガニック栽培という夢は、本書に集う仲間たちの実践を見る限り、すでにもう実現したといえるのではないかと思います。

それればかりか、バラ庭を維持するのに、オーガニックのほうがかえって簡単だったり、ラクだったりするのです！（いくつかのポイントをきっちりと押さえたうえでのことですが。）

本書にちりばめられた、バラのオーガニック栽培のためのヒントを参考に、みなさまも、どうぞ、自分流の無農薬のバラ庭づくりの方法を編み出してください！

編者を代表して　小竹幸子

●使用した写真はすべて、9人の執筆者がそれぞれ自分の庭で撮ったものです。
●写真キャプション中のバラ名の後の（　　）は、バラの分類名です。分類は、基本的には『バラ大百科』（ＮＨＫ出版）を参考にしました。ただし、ハイブリッド・ウィクラナはランブラーに含めました。
●本書では、本来、虫や菌はすべて自然の中で何らかの役割をもつ存在であり、悪い虫（害虫）はいないと考え、基本的には「病虫害」と表記することにしました。

「米ぬかオーガニック」とは

なぜ「米ぬか」なのか？

日本の里山を歩いたことはありますか？

里山は、雑木林と、湧水の流れる小川、田んぼが一体となった、人と自然が長年にわたってつくり上げてきた小さな宇宙です。

そこでは多様な生命が、互いにかかわり合いながら日々の暮らしを営んでいるのですが、人が炭焼きや米づくりを通して自然とかかわってきたからこそ、より多様な生態系を維持することができてきました。

里山の主役は、なんといっても田んぼです。

稲は、梅雨の雨や高温多湿な夏を必要とし、日本の気候にぴったりな農作物。日本の数千年の歴史は、常にお米とともにありました。

田んぼは、古来よりさまざまな生き物を育んできましたが、その中には有用な微生物も含まれています。

たとえば納豆。これは、稲わらにすむ納豆菌を大豆の発酵に活かした食品です。納豆菌は、人のおなかの中で活躍し、健康を保ってくれるのですが、じつは、土の中でも同じように働いて、植物の健康を保つ大切な役割を担っているのです。

また、玄米を精米したときに出る米ぬかを使ってつくる食品の代表格は、ぬか漬けです。ぬか漬けには、人の腸内で働く乳酸菌が含まれていることも、きっとみなさんご存じでしょう。この乳酸菌も、じつは、土の中で植物の健康を保つための大切な役割を担っています。

人の腸内は、植物の土にあたります。なんと驚くことに、動物も、植物も、同じ微生物……いわゆる善玉菌が健康を保つために大切な働きをしているのです。

米ぬかオーガニックとは

「米ぬかオーガニック」とは、稲の一番栄養価の高い部分、すなわちお米の胚芽の部分を含む米ぬかを使って、土の中の善玉菌をふやそうというのが、そもそもの考え方です。

本書に集った仲間たちの実践を見ると、みなさん、なんらかの形で米ぬかをバラのオーガニック栽培に活かしています。

発酵肥料づくりのときであったり、生ごみを発酵させるときであったり、馬糞堆肥をつくるときであったり……と人によって使い方はさまざまです。直接、庭土にまいて善玉菌をふやしたり、中には米ぬかでうどんこ病を撃退する方法を考えた人もいます。まさに9人9様です。

ただし、米ぬかさえ使えば「米ぬかオーガニック」なのかといえば、私はそうではないと思っています。

「米ぬか」というのは、ひとつのキーワードにすぎません。仲間たちはみんな、米ぬかをはじめとするさまざまな身近で安心して使える資材を使って、庭の善玉菌を活性化させようとしています。

活性化した善玉菌の力を借りて、バラの健康を保つための土台となる「生きている土」づくりをしたうえで、それぞれに栽培法を工夫し、安全で美しいバラ庭を楽しんでいるのです。

主役は、庭の微生物というわけです。

微生物の働きに目を向けた庭づくり、土づくりの方法を考える……それが「米ぬかオーガニック」であると私は考えています。

生き物たち、植物たちの多様性のある庭に

そもそも、バラをオーガニックで育てるとは、どういうことでしょうか？

オーガニックとは「有機的な」とか「有機農法の」などという意味で、一般的には、化学合成農薬や化学肥料に頼らず、有機肥料などにより土壌のもつ力を活かした農業である有機栽培の意味で使われているようです。

とは言え、実際、バラのオーガニック栽培に取り組んでみると、庭という自然が本来もっている力を活かし、少しだけ人間が手助けすることで、庭の植物や生き物の多様性を高め、調和の取れた世界をつくり上げることにオーガニックの本質があるのではないかと思えるのです。

ですから、オーガニックなバラ庭では、庭の生き物たちができるだけ多様になるようにしています。多様性があれば、ひとつの虫だけがはびこることはありません。したがって虫の害も少なくなっていきます。

庭の生き物たちが多様になるためには、バラだけではなく樹木や草花なども多様にすることが大切で、仲間たちはみんなバラと一緒にいろいろな植物を庭で育てています。バラとほかの植物が共演し、そこに多種多様な生き物たちが参加し

て、全体でひとつの豊かなハーモニーを奏でています。

オーガニックなバラ庭は、ただの花園ではなく、生き物たちの楽園です。のんびりと彼らを観察するのがガーデニングの醍醐味。これは仲間たち全員に共通していると思います。

一番身近な庭という自然をよく観察し、試行錯誤を繰り返す……オーガニック・ローズの楽しさは、これにつきるのではないでしょうか。


本書で語られるオーガニックなバラ庭づくりへのさまざまなアプローチの多くは、満開のバラ庭の圧倒的な光景と比べると、驚くほど簡単だったり、手軽だったりします。

それは、それぞれのバラ庭が、無数の微生物や生き物たちの営みに支えられているからにほかなりません。

自然の力を活かした庭づくり、それが「米ぬかオーガニック」なのです。

小竹幸子

私（小竹）の庭。右のピンクがコーネリア（ハイブリッド・ムスク）、左の白いバラはマダム・アルフレッドゥ・キャリエール（ノワゼット）

一坪の地面でも元気にバラ咲く土着菌いっぱいの庭

梶浦道成
かじうら・みちなり
（東京都）

バラ栽培歴15年。
コピーライター。ガーデニングは趣味というよりは、生活の一部。都心にいても自然とともに暮らす喜びを感じている。趣味は、山登りやトレッキング、自然観察、俳句。週末は、山梨にいることが多い。

地面はわずか一坪。だから、壁を庭に

僕はフリーのコピーライター。毎日、自宅兼事務所の机に向かってコマーシャルのアイデアやキャッチフレーズをひねり出しています。とはいえ、そう簡単に素敵なアイデアが出るわけでもなく、小一時間も机にいると頭の中が煮詰まってきてつらくなり〝逃避モード〟になってきます。そんなとき、僕は剪定バサミとデジカメを手に、数十分だけガーデナーに変身します。

ガーデナーとはいえ、わが家の庭に庭と呼べるほどの広さはなく、軒下と敷地の端にかろうじて一坪ほどの地面があるだけです。それでも、20代のころから憧れだった英国のカントリーハウスや南仏の石壁の家のように、壁や窓辺にバラやフジをからませたくて、家を建てる当初から〝壁を庭にする〟こと

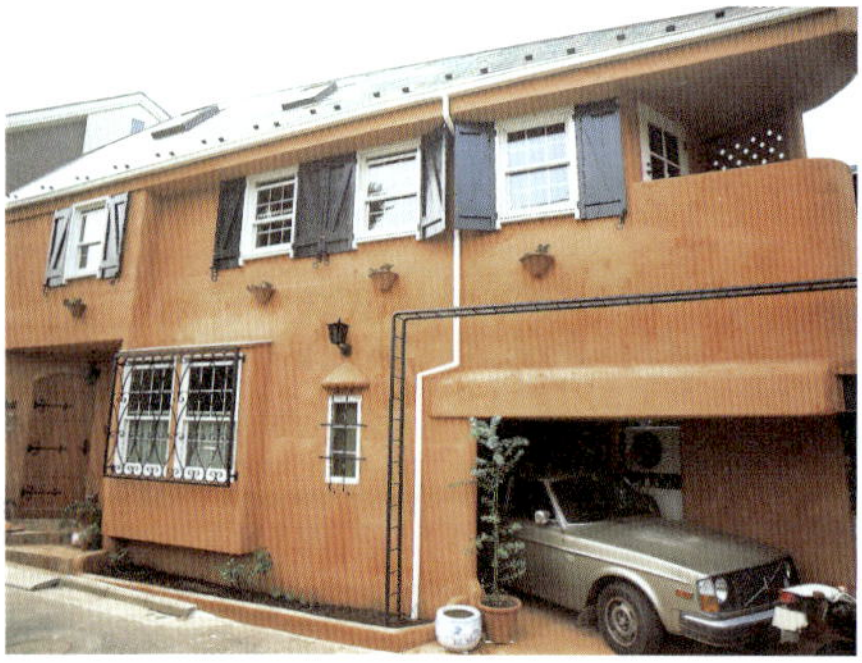

家が完成した最初の春の壁庭。出窓の左右につるバラのロココと新雪を植えた

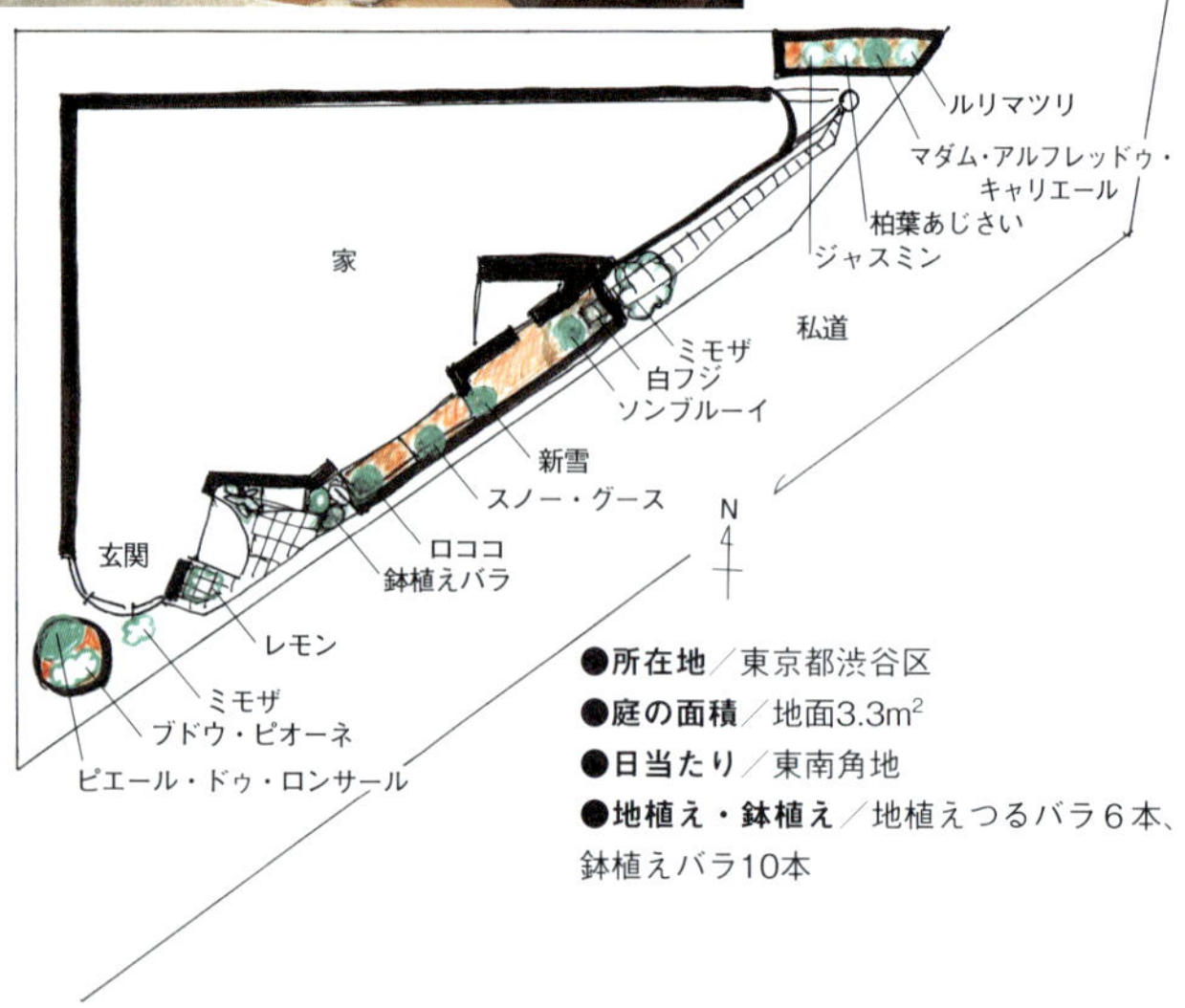

●**所在地**／東京都渋谷区
●**庭の面積**／地面3.3m^2
●**日当たり**／東南角地
●**地植え・鉢植え**／地植えつるバラ６本、鉢植えバラ10本

に決めていました。

そこで最初にこだわったのが壁の素材です。バラや植物が映えることを考えると、やはり自然の素材を使ったほうが絵になります。天然石、土壁、木材、アンティークレンガ……。さまざまな素材を検討して、当時はまだめずらしかった珪藻土を選びました。サンタフェの土壁のような素朴な質感が、花を引き立ててくれると直感したのです。そして色は、緑のじゃまをしないテラコッタ色に。

完成当初は植物もまだ貧弱で植木鉢のような色ばかりが目立った壁も、15年の歳月を経た今では、立体的にたくさんのバラが咲く緑豊かな壁庭になりました。

壁庭は、13年前から無農薬

壁庭の主役は、6本のつるバラです。

家を建てた最初の春にロココと新雪を植えました。翌年には、ピエール・ドゥ・ロンサールとソンブルーイを。3年目には、マダム・アルフレッドゥ・キャリエールとスノー・グースも加わりました。

バラ以外にも、フジ、ブドウ、ジャスミン、ルリマツリと、畳二畳ほどの地面に樹勢の強いつる植物が所狭しとひしめきあっています。

壁庭15年目の春。左から、ピエール・ドゥ・ロンサール（ラージ・フラワード・クライマー）、ロココ（シュラブ）、スノー・グース（イングリッシュローズ）、新雪（ラージ・フラワード・クライマー）、ソンブルーイ（クライミング・ティー）、マダム・アルフレッドゥ・キャリエール（ノワゼット）と6本のつるバラが壁を飾る。2階左側には、ブドウのピオーネ。右側には、フジが壁を緑で覆っている

❶大輪のつるバラたちに混じって、直径5cmほどの小ぶりな花を春から秋の終わりまで楽しませてくれるスノー・グース　❷壁面を明るい印象に彩ってくれるロココ　❸地植えして14年になるピエール・ドゥ・ロンサール。一季咲きだが十分に満足できるオンリーワンの魅力がある。直径60cmの地面でブドウのピオーネと混植。陣地争いに負けることもなく、強健ぶりを発揮している　❹たわわに咲いたソンブルーイと新雪の白いつるバラコンビ。どちらも強健で花つきもいい

この過密な環境下にもかかわらず、どれもが地植えしてからすでに10年以上たっています。

ほかにも、春になると放っておいても花を咲かせる無数の球根類。すっかり定着して根づき狭い地面を覆いつくすミントとレモンバーム。3シーズンを経てますます巨大化するアカンサス。種から育てたホワイトレースフラワーやセリンセなど、壁庭の地面はいつも植物でいっぱいです。

玄関先のレンガの上には、ティーローズやオールドローズ、レモン、ミモザ、クレマチス、多肉植物などの鉢が、大小ずらり。「よくもまあこれだけの……」と自分でもあきれるほど、狭いスペースで多種多様な植物を育てています。

さて、壁庭に農薬をまかなくなって13年になりました。このように植物の密度が高く、最小限の手入れしかしていなくても、バラは元気です。

インターネットで知り合ったオーガニック仲間たちと米ぬかを使ったバラ栽培法を追求していくうちに、うどんこ病はほぼ完璧に抑えることができるようになりました。黒点病も、春先や晩秋で葉の代謝が鈍る時季に多少は発生しても、蔓延して葉を落とすことはありません。

バラに悪さをする虫たちの被害も、とりたてて大騒ぎするほどのこともなく、人間が手をかけなくても天敵たちが即座に対処してくれます。

おかげで日々のバラの世話は、花がら摘みやら剪定やら基本的なことだけですみ、仕事の合間を縫っては庭に出る〝ちょこちょこガーデナー〟の僕にも無理なく維持管理ができてきたのだと思っています。

玄関は壁庭の一等地。鉢植えのティーローズやクレマチスに多肉植物も交えて、南仏のイメージに

無農薬の壁庭は、都心の小さな大自然

無農薬でバラを育てて感じる大きな喜びが、ふたつあります。ひとつは、バラの健康美。同じ品種でも、農薬をまいたそれとは葉の艶ひとつとっても健やかさが違うのです。そしてもうひとつ。都心の片隅の狭い庭にも、たくさんの昆虫や鳥や小動物が暮らすようになったのです。

信じられないかもしれませんが、壁庭の軒下にはガマガエルがもう何年もすんでいます。トカゲもヤモリも、何代も世代交代しています。彼らは、ふえすぎたダンゴムシやナメクジ、ヨトウムシなどを食べてくれる壁庭の番人的存在。壁庭生態系の頂点に君臨しています。

冬の窓辺をにぎやかにしてくれるシジュウカラが、春には毎朝、バラの

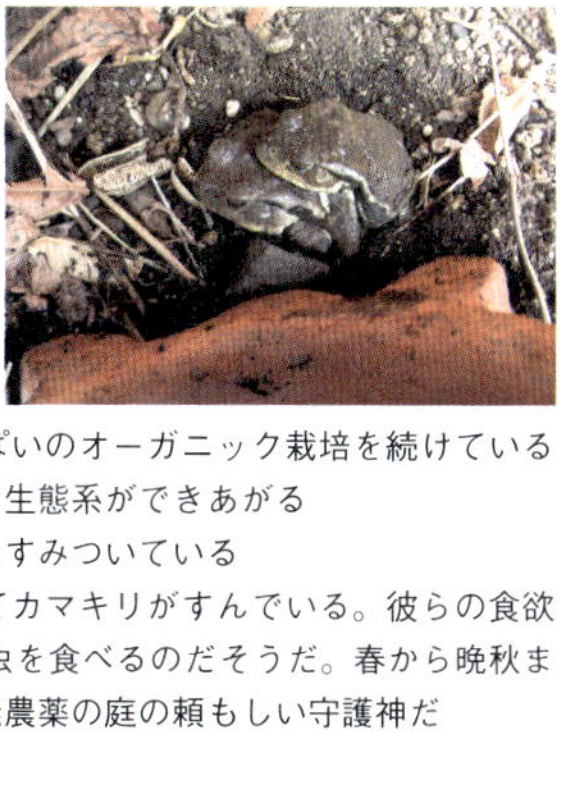

都心の小さな壁庭も、有機物がいっぱいのオーガニック栽培を続けているとたくさんの生き物たちがやって来て生態系ができあがる
右：冬眠中のガマガエル。もう何年もすみついている
左：壁庭には、もう何代にもわたってカマキリがすんでいる。彼らの食欲は旺盛で、成虫は1日に10匹以上の虫を食べるのだそうだ。春から晩秋まで、バラにつく虫を食べてくれる、無農薬の庭の頼もしい守護神だ

つるバラの中でもひときわ上品な印象のマダム・アルフレッドゥ・キャリエール。見かけによらず、病気に強く樹勢も旺盛。軽やかな印象の花は、風に揺れてこそ美しい

葉につくチュウレンジバチの幼虫を食べにやってきます。春の壁庭で孵《かえ》った小さなカマキリが、秋には立派な母となって産卵し、12月まで卵を守りつづけます。

こうしてたくさんの生き物たちが、バラをはじめとする壁庭の植物たちと深くかかわり、小さな生態系を築き、さまざまな自然のドラマを見せてくれます。

花を咲かせるだけの庭から、家と地域の自然をつなぐ庭へ。無農薬のバラ庭づくりは、ガーデニングの愉しみを大きく広げてくれています。

庭土の生命力を、ミクロの視点で考えてみる

狭い地面に、たくさんのつるバラやつる植物や宿根草。それらを無農薬で維持し、毎シーズン花を楽しむことができるのは、一も二もなく土の力だと思っています。土の力、つまり地力は、どうすればつけることができるのでしょう。

農薬や化学肥料をやめた当初は「団粒化して水はけがよくなるように」と、庭も鉢も土のブレンドにこだわりました。「何はともあれ、栄養第一」と、市販の有機肥料に凝ったこともあります。土壌微生物の存在を知り、木酢液を薄めてまきました。有機農業で使われている堆肥などを取り寄せたりもしました。そして、善玉菌が大好物の米ぬかをまくようになりました。いつの間にか庭は試行錯誤の連続の実験場と化したのです。

僕は仕事がら、いろいろな商品の資料に目を通します。10年ほど前のある日、大腸の薬と乳酸飲料の仕事をほぼ同時にする機会がありました。「なになに？　人間の大腸の中には100兆個もの細菌たちがうようよとしている！」「乳酸菌などの善玉菌は加齢とともに減ってしまう!?　そうなんだー」当時は、人間の健康維持において善玉菌や悪玉菌の存在が無視できないという考えが広がりつつありました。そんなときです。地面にさらさらと米ぬかをまいている最中に、人間の身体も、庭土とバラの関係も、同じではないかと気づいたのです。

ひと握りの健やかな土には地球の人口に匹敵するほど莫大

な数の微生物がすんでいるといわれています。つまり、土は人間の大腸の中と同じです。土から養分を吸収するバラの根は、大腸の血管です。乳酸菌などの善玉菌は、有機物を分解して栄養分に変えたり免疫力を高めたりしてくれます。これは、大腸も土も同じで、土の中にも乳酸菌や納豆菌、こうじ菌、酵母菌と、なじみの深い善玉菌がたくさんすんでいます。

大腸の中の善玉菌が優位な人は、健康で病気にもかかりにくく、若々しいといわれています。そこで僕たちはヨーグルトや納豆などの発酵食品を積極的に食べ、食物繊維を大いに取って、大腸の善玉菌を応援しようとしています。ならば、「庭の土にも善玉菌を補給してあげればいい。善玉菌の餌になる有機物を定期的に補い応援してあげればいい」。これが僕のオーガニックなバラ栽培の基本になりました。

病気に強く、健康で美しいバラを育てるためには、土の生命力が肝心。つまり、微生物たちがさかんに活動する生命にあふれた土をつくって維持することだと確信したのです。

庭には地元の土着菌

「庭の土にも善玉菌を積極的に補給する」とはいえ、土の善玉菌はどうすれば手に入るのでしょう。コフナなどの微生物資材が市販されています。発酵させてつくられた腐葉土や堆

Column 新芽の季節は、米ぬか花咲か爺さんまき

産まれたばかりの赤ちゃんの口の中は虫歯菌がゼロなのに、その後の生活の中で徐々に侵入し、2歳7カ月ごろには、口内の細菌バランスは生涯固定されてしまうのだそうです。

ならば、呼吸したり水分を蒸発させるバラの葉も同じこと。若葉のころの最初が肝心。善玉菌が優位になるようにしてやればいいのではと思って試してみたのが「米ぬか花咲か爺さんまき」でした。

やり方は、簡単。

新芽が展開しはじめる春先と秋に、週に1回2週ほど、米ぬかを少々若葉の上にふりかけるだけ。つるバラなら2階の窓から花咲か爺さんよろしく豪快にふりまくだけでいいんです。

米ぬかの養分により、新芽から展開しはじめた葉の表面の細菌バランスが善玉菌優位になり、病気にかかりにくくなるというわけ。

もう10年ほど続けていますが、うどんこ病はほとんど発生していません。

肥などにも善玉菌はたくさんいます。ヨーグルトや納豆、自家製パンづくりに使う酵母菌にも、使える菌がたくさんあります。

　でも、「人には人の乳酸菌」なんて広告のコピーがあるように、「庭には地元の土着菌」。ご近所に昔からすんでいる善玉菌を採取して、庭に迎え入れるのです。なぜなら、土着菌は地元で昔からしぶとく生き延びてきた生命力の強い菌です。気候も庭に合っています。そのぶんしっかりと定着して、庭にすむ善玉菌の主役としての活躍が期待できると考えたからです。

　土着菌は、ご近所のどこにでもいます。その中でも、木や植物が元気に育っている地面には、優秀な土着菌がすんでいると思って間違いありません。それは、近くの里山だったり、竹やぶだったり、鎮守の杜だったり、昔からある公園だったり。とにかく広葉樹が生い茂り、落ち葉が積もっているところ。明るく風通しのいい場所の落ち葉の下に土着の善玉菌はたくさんいます。

毎年４月中旬には、壁庭を白いフジが飾る。夕暮れの窓辺は、ミステリアスな甘い香りに包まれる。つるバラともうまく共存

　そっと落ち葉の下を掘ってみてください。黒く団粒化したふかふかの土があるはずです。運がよければ白い菌糸が集まったコロニーもあるはずです。この、土とも枯れ葉ともつかない分解途中の腐葉土こそ、土着菌の活動の場所。これを持ち帰り、米ぬか発酵によってたくさんふやして、庭土に迎え入れるのです。

　僕の場合は、土着菌の採取を毎年落ち葉のころから春先にかけてやっています。気温の低い冬に培養したほうが、発酵がスムーズにいくからです。土着菌とはいえ多様性があるほうがいいと思うので、犬の散歩がてら近所の公園や神社など数カ所から、完全に土の部分も落ち葉の状態の部分も幅広く採取してきます。無農薬で順調に育った自分のバラの株元の土も、有望な土着菌のすみ処。これらを米ぬかとブレンドして「土着菌発酵米ぬか」(→26ページ)をつくり爆発的にふやします。

　毎年、米ぬかで同じように仕込んでも、発酵の仕方はまちまち。高温になってハラハラしたり、穏やかに粛々と進んだり……。採取した菌にも個性があるので、急に生き物らしく思えてきます。土着菌を使った発酵米ぬかづくりは、自分でレシピを考えたり、水加減を調整しながら手でこねたりと、なんだかパンでもつくっているような感覚です。段ボール箱に仕込んでからしばらくすると、なんともおいしそうな香りが漂い、ぽかぽかと温もってきて、とても楽しい作業です。

土着菌発酵米ぬか&有機物マルチで、土から元気に

土着菌発酵米ぬかは、米ぬかを餌にして爆発的にふえた地元の善玉菌のかたまりです。発酵が終わると乾燥した状態になり彼らは休眠状態になるので、段ボール箱に入れたままガレージの片隅で1年くらいは保存して使っています。

さて、この土着菌発酵米ぬかを使った年に4回の作業が、僕のオーガニックなバラづくりの最大のポイントです。これさえ行なっておけば、バラは病気に強くなり、旺盛に育って、

上：土着菌発酵米ぬか&有機物マルチの一例。地面にうっすらと米ぬかをまき、土着菌発酵米ぬかをまき、その上に有機物をまんべんなく敷く。これにより土壌微生物が爆発的にふえて、生きた土に変わってくる
下：土着菌発酵米ぬか&有機物マルチを続けていると、土は耕さなくてもふかふかに団粒化する

Column　ゾウムシ疑似天敵作戦

以前、あるガーデニング雑誌でバラゾウムシの天敵としてハナグモが紹介されていました。どうやらバラゾウムシもうかつに蕾に近づくと、ハナグモに待ち伏せされて捕らえられてしまうらしい。確かにバラゾウムシは、動くものに敏感に反応します。

ならば、と、数年前からひとつの実験をしています。緑色の毛糸を大切な蕾の下にクルッと結んでハナグモっぽい擬態をつくっておくのです。この実験、ただ運がいいだけなのかもしれませんが、まだ一度もゾウムシの被害にあわずに成功しています。

庭のバラの蕾全部にやるのはバカげていますが、たとえば一季咲きのバラなどで「この花はどうしても今年咲かせたい」というのがあったら、小さな蕾ができた時点で試してみてください。

写真ほどの大きさで、ハナグモが前脚をいっぱいに開いた感じ。少しひらひらと風になびくくらいがよいようです。

虫食いによる被害も小さくすることができています。肥料も、自家製の米ぬか発酵肥料を芽出しと花後に施すだけで大丈夫なほど土が肥沃になってきます。それが、名づけて「土着菌発酵米ぬか＆有機物マルチ」。季節の変わり目に年に4回、地面の上にまくだけの簡単な作業です。

まずは、バラの株元や宿根草の株元にパラパラっと米ぬかをまきます。その上に、土着菌発酵米ぬかを細かくほぐしながらうっすらとまきます。仕上げは土着菌たち微生物の餌となる有機物のマルチング。腐葉土や馬糞堆肥などを地面が隠れる程度にまんべんなく敷いていきます。これであとは灌水すれば作業は終了です。

水を得て目覚めた土着菌が、米ぬかを糧に活発に増殖しはじめます。もともと庭にいた善玉菌たちも同様に動きだします。ダンゴムシやヤスデ、ミミズなどの小さな生き物たちがマルチした有機物を分解しはじめます。土着菌たち善玉菌も、有機物をさかんに分解しはじめ、植物が吸収しやすいかたちに変えていきます。

こうして地面で善玉の微生物たちの活動が活発になればなるほど、黒点病の菌やうどんこ病のカビはおいそれと繁殖できなくなります。土は、微生物たちの分泌物で団粒構造となり、ミミズたちが縦横無尽に耕して、滋養に富んだふかふか

Column 土着菌発酵米ぬか＆有機物マルチの施し方

バラの株元や宿根草の株元を中心に、土を団粒化させたい部分全体に米ぬかをうっすらとまきます。米ぬかは、善玉菌の大好物。庭土と土着菌をなじみやすくしてくれます。

米ぬかをまいた上に、土着菌発酵米ぬかをぱらぱらとほぐしながらまいていきます。

仕上げに、冬は腐葉土や落ち葉、春と秋は馬糞堆肥や牛糞堆肥、夏は稲わらなどの有機物を、米ぬかが見えなくなる程度の厚みで敷きつめます。

冬に腐葉土や落ち葉をマルチするのは、里山などの自然界と同じ状態を庭で再現するために。

春と秋は植物が活発に活動するので、馬糞堆肥や牛糞堆肥など栄養価が高いものを。

夏は高温が好きな納豆菌が活躍するので、稲わらを（もみ殻でもよい）。稲わらの白っぽいマルチは、強烈な夏の太陽光もはね返し、過酷な気候からバラの根を守ってくれます。

壁庭のセンター部分。幅60cm×長さ５mの地面の部分は、つるバラ４本のほか、アカンサスやミント、レモンバームなどの宿根草や、ホワイトレースフラワー、セリンセ、ニコチアナなどの一年草でびっしりと覆われている。庭と道路の境目には、エリゲロンやヒメツルソバをはびこらせて一体感を

の土になってきます。

このメカニズムは、じつは里山などでは普通に行なわれている自然のサイクル。秋から冬に落ち葉が積もり、1年かけてそれを微生物たちが分解し土を肥やしているのですが、狭い土地にたくさんの花を咲かせる庭では土の消耗も早いので、季節の変わり目に年4回施すようにしています。

マルチする有機物は、季節によって変えています。初冬は、落ち葉や腐葉土を。庭作業で出たバラや宿根草の葉なども地面に敷いてしまいます。バラがさかんに活動する春先と秋の初めには、栄養価の高い馬糞堆肥（牛糞堆肥）を。納豆菌でおなじみの枯草菌が活躍する梅雨入りころには、短く切った稲わらを。こうしてほぼ一年中、庭土の上を有機物で覆い、その下で微生物たちが活動できる環境をつくります。

土にすむたくさんの生命とかかわり共生することにより、バラは本来の生命力を発揮し、5年、10年、15年とたくましく、そして美しく育ちます。一番簡単で自然に近いバラの栽培法。それが、「土着菌発酵米ぬか&有機物マルチ」ではないかと考えています。もし、土着菌発酵米ぬかをつくるのが面倒なら、まずは地植えのバラの株元に、米ぬかと有機物のマルチングだけでも試してみてください。土の微生物はふえ、土がよくなり、バラは丈夫になっていくことでしょう。

まずは、土着菌を採取しましょう。
❶近所の林や公園などの、風通しがいい明るい広葉樹の下がポイント。
❷手で掘ると、白い菌糸を張った土着菌のコロニーが。
❸公園の堆肥置き場も土着菌の宝庫。都心なのにカブトムシの幼虫がいました。

土着菌を集めてきたら、米ぬかで発酵培養。
❹おおよその材料配分は、善玉菌の大好物である米ぬか3割。地元の数カ所で採取した土着菌がいっぱいの腐葉土3割。善玉菌の餌になる馬糞（牛糞）堆肥2割。状態のよさそうなバラの根元の団粒化した庭土1割。発酵をスムーズに促進してくれるもみ殻くん炭1割。それに、大さじ2杯ほどの三温糖。
❺ほかに手に入るようであれば、納豆菌がすむ稲わらやもみ殻、庭で取れた酵母菌がいっぱいのブドウの皮など、菌がいそうな有機物も入れてみましょう。僕は、パンづくりでおなじみの白神こだま酵母も少々入れています。この酵母菌、じつはあの世界遺産でおなじみの白神山地のブナ林の腐葉土で発見された菌。地元の土着菌ではないのですが、発酵がとても安定するように感じています。
❻大きなタライのような容器に集めた材料を入れ、三温糖を溶かした水を少しずつ加えながら混ぜていきます。水加減は、軽く握って指でつつけばポロッと崩れる程度。団子になるようでは多すぎです。
❼みかん箱ほどの段ボール箱に新聞紙を敷いて、タライで混ぜた材料を入れます。
段ボールと新聞は水加減をうまく調節してくれ保温力もあり、過湿を嫌う好気性の菌たちには好都合。仕込んでから半日もすると、いい香りが漂いはじめます。発酵が始まる合図です。（箱の底が高温多湿になるので、段ボール箱を直接床に置かずブロックやレンガの上に置いて

Column 土着菌発酵米ぬかのつくり方

ください）

❽それからさらに丸1日ほどたつと、温度が30度を超えてきます。菌の性格や材料の配合ぐあいにもよりますが、順調な場合は40度台をキープしながら発酵が進みます。

まれに発酵温度がさらに高くなる場合があるので、温度計の目盛りを時々チェックしてください。

発酵温度が70度を超えたままで放っておくと、ツンとした匂いが強く漂いはじめます。これは、肥料成分の中の窒素が分解され、アンモニアに変わるためだと言われています。

温度が高すぎるようなら水を少しずつ加えてまんべんなくかき混ぜて、全体に湿り気を帯びる程度にし、40～50度の状態を保つようにしてください。発酵も終息に向かいはじめると、徐々に温度が下がってきます。

❾段ボール箱に材料を仕込んでから1週間もすると、発酵もすっかり落ち着き、表面に白いカビのような菌糸が現われます。これは、抗生物質をつくってくれる放線菌の仲間ではないかと考えています。

ところどころゴツゴツとしたかたまりができてきたら、それは善玉菌のコロニーです。そのまましばらく乾燥するまで寝かせておけば、土着菌による発酵米ぬかづくりは完了です。土着菌をたくさんふやすことができました。

※発酵温度の推移は、菌の性格や仕込む素材や分量によって変わってきます。

※完成した土着菌発酵米ぬかは、段ボール箱のまま雨と直射日光の当たらない場所で保存できます。

※完成した土着菌発酵米ぬかを元種にして、同じ手順でふやすことができます。

6月	7月	8月	9月	10月	11月
三番花開花。	新しい葉が展開。 返り咲きの蕾。	休眠。	新しい葉が展開。 返り咲きの蕾。	秋バラ開花。	
花がら摘み。		鉢の高温注意。一番日当たりがよい場所は避ける。		花がら摘み。	
			米ぬか花咲か爺さんまき。→P.21		
トカゲやガマガエルがナメクジを捕食。	ヤモリが蛾を捕食。 カマキリも大きくなり、チュウレンジバチやヨトウムシを捕食。		ゾウムシおとりツボミ作戦。→P.29	カマキリ産卵。	シジュウカラのためにピーナッツリース製作。  リースの隣にミカンを置くのが鳥を呼ぶコツ
お礼肥として米ぬか発酵肥料または市販の有機肥料。			秋バラ用に米ぬか発酵肥料または市販の有機肥料。		
梅雨入りころに、土着菌発酵米ぬか＆稲わらマルチ。→P.24			秋分のころ、土着菌発酵米ぬか＆馬糞堆肥マルチ。→P.24		天然腐葉土などを採取し、土着菌発酵米ぬかづくり。→P.26

安心できるらしく、後続たちは好んで同じ蕾の下にチクリとやっていきます。だから、被害にあった蕾は、１週間ほど、ほかの蕾の茎が硬くなるまでの間、そのままおとりとして放置しておくのです。すると、写真のようにたくさんの産卵の跡が。ひとつのおとりで20個以上の蕾が救われたことになります。このあと、もちろん、この産卵された蕾のみを地面に落ちる前に摘み取り、処分します。（写真❹❺）

4

5

Organic Rose Calendar

オーガニックカレンダー／梶浦道成

	12月	1月	2月	3月	4月	5月
庭のバラの様子	ティーローズは、まだ開花。	つるバラもようやく休眠。	新芽が膨らむ。	新芽が展開。成長が旺盛に。	蕾がつきはじめる。	一番花満開。二番花開花。
バラの世話	つるバラの誘引。	つるバラの剪定＆誘引。鉢植えバラの鉢増し。		芽かき。	若いバラは様子を見て摘蕾。	花がら摘み。一季咲きバラの剪定。
病気のこと	代謝の悪くなった葉に黒点病、放置。			米ぬか花咲か爺さんまき。→P.21		
虫・鳥のこと	カマキリの卵を見つけて庭に誘致。		花粉が大好きなヒラタアブの成虫のために、マーガレットや多肉の花を用意。	ヒラタアブの幼虫がアブラムシをペロリ。	ゾウムシおとりツボミ作戦。→P.29 テントウムシがアブラムシをペロリ。アシナガバチがチュウレンジバチの幼虫を肉団子に。シジュウカラがチュウレンジバチの幼虫をさかんに捕食。ダンゴムシたちが地表でさかんに有機物を分解。	テントウムシがアブラムシをペロリ。カマキリが孵化、アブラムシを食べはじめる。アシナガバチがチュウレンジバチの幼虫を肉団子に。
肥料のこと	米ぬか発酵肥料仕込み。			芽出し肥として米ぬか発酵肥料または市販の有機肥料。		
土のこと	冬至のころ、土着菌発酵米ぬか＆腐葉土マルチ。→P.24			春分のころ、土着菌発酵米ぬか＆馬糞堆肥マルチ。→P.24		

春、アブラムシが発生しそうなバラには、必ずといっていいほどヒラタアブがやってきます。写真❶は、アブラムシが産卵しようとしている蕾を選んで産卵するヒラタアブの親。❷は、産みつけられたヒラタアブの卵（右の白いもの）。アブラムシの親はまだ産卵中だ。❸は、大発生したアブラムシを次々と襲うヒラタアブの幼虫。白い抜け殻は体液を吸われたアブラムシの残骸。わずか半日ほどでこの蕾に発生したアブラムシは全滅しました。

ゾウムシおとりツボミ作戦

バラの蕾が立ち上がってくるころに現われて、大切な蕾をチクリと刺して枯らしてしまうバラゾウムシ。よくよく観察してみると、おもしろい習性があることに気がつきました。彼らは、節操なくバラの蕾ならなんでもいいというわけではないようです。ちゃんと産卵に好都合の蕾があって、どうやら成長のいい蕾を選んでチクリとやっているのです。しかも、誰かがチクリとやった蕾は

暑い地方でも楽しめるオーガニックなバラの庭

松本隆司　まつもと・たかし（長崎県）

バラ栽培歴15～16年。
医師。血液型はO型、繊細にして、きわめて大雑把。
趣味はバラ栽培以外では、ウォーキング、写真撮影、インターネット。
大学時代から観葉植物栽培を始め、勤務医時代は、引っ越しのたびに、プランターを運ぶためにトラックを1台余分に頼むほど。本棚は植物関係の雑誌や本がほとんどを占めている。

今ほど、地球環境に対する意識が高まっているときはないでしょう。

家庭の庭であっても、まさにそのことを真剣に考える時代になっていると思うのです。

化学薬品を散布した庭の香りをかいで、心休まる方はいないでしょう。

小さな子どもや、かわいがっているペットたちを、そこで遊ばせたいとは思わないでしょう。

多種多様な小さな生き物たち、目に見えない微生物たちでいっぱいのオーガニックな庭は、輝き、素敵な土の香り、葉の香り、花の香りにあふれています。

その中にたたずむとき、私たちは、心から、癒されたと感じるのではないでしょうか。

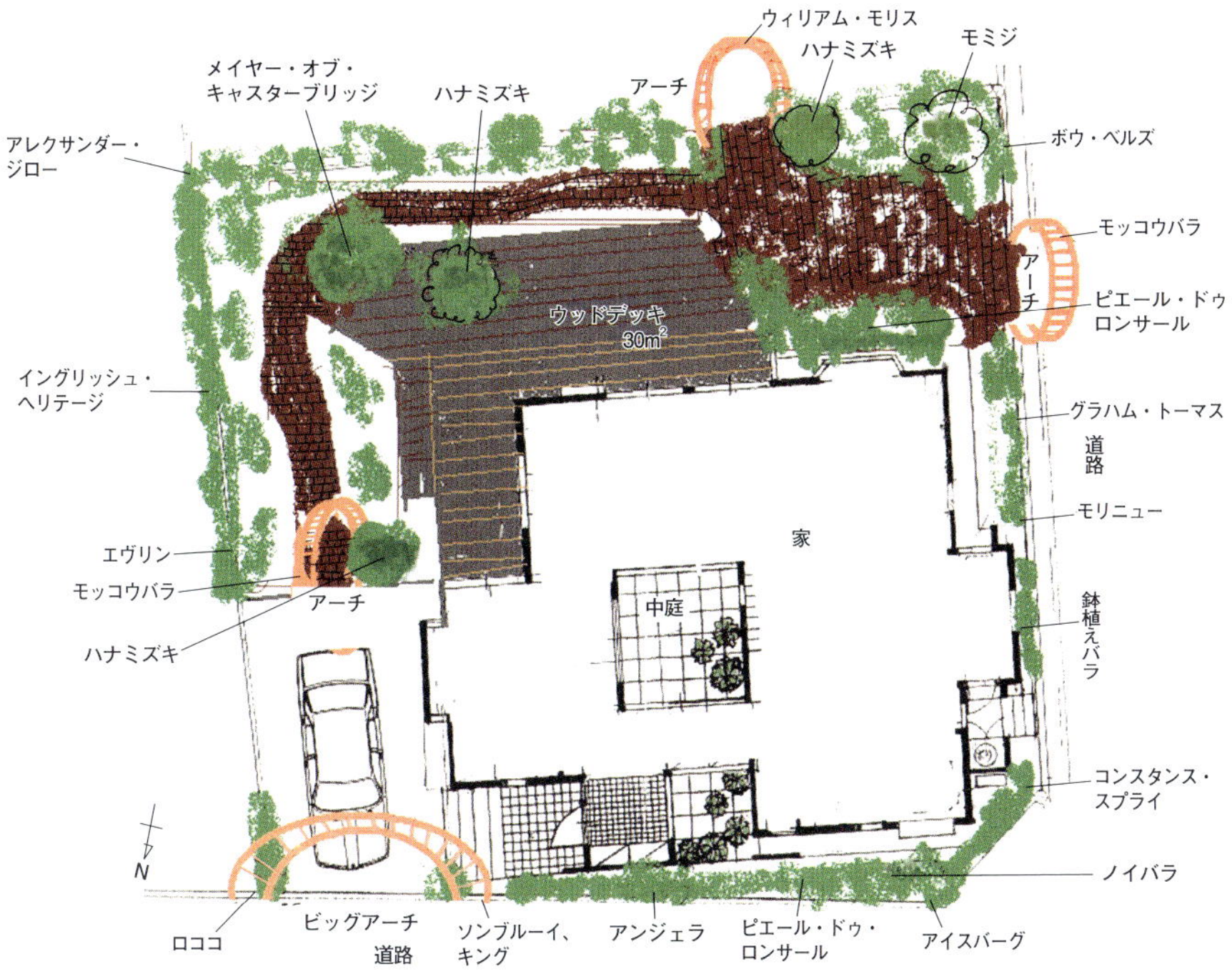

●**所在地**／長崎県佐世保市
●**庭の面積**／約$70m^2$
●**日当たり**／基本的にシェードガーデン
●**地植え・鉢植え**／鉢植え60本、地植え80本

北壁のアンジェラ（フロリバンダ）とピエール・ドゥ・ロンサール（ラージ・フラワード・クライマー）。壁の高さは5m、真北を向いている

僕のバラ栽培の工夫

九州の最西端、長崎県に住む僕の庭は70平方メートルで、その約半分をウッドデッキが占めています。

バラを植えるスペースは、必然的に狭く、家のまわりとなります。いずれも地植えです。

日当たりのない場所でどう育てるか考えた結果、高さを利用することにしました。壁を利用して高く誘引することで、光量と風通しを確保したのです。

次に、少しの土で大きく育てるには、健康な土づくりが重要になります。土の中の有用微生物をふやし、ミミズをふやすことが重要です。

僕の場合は、冬の間にコフナを使ってつくった米ぬか発酵肥料を使うことで、健康な土をつくるようにしています。土

を耕すことはありません。
バラ栽培に使われることの多い牛糞堆肥は、最近はあまり使っていません。
それには、理由があって、ここ数年来の牛糞堆肥は、つくる過程での雨ざらしを禁止されているため、過剰な塩分を含むこと。さらに、規格化された牛乳や食用肉をつくるために、山のように化学薬品を使った海外の飼料で飼育されていること。狭い環境で育てるため抗生剤などが使われていること。そんな牛の糞であることから、その品質に問題を感じているからです。
その点では、家庭の生ごみの堆肥のほうが、優れているのではないかと考えています。というのは、食物もいろいろな

上：テラスは南向きなのでオーニング（日除け）とパラソルで気持ちのよい空間をつくる
中：ウッドデッキが庭の大半を占めるため、バラは家のまわりに。駐車場に植えて１年目のバラ、パール・メイディランド（シュラブ）とデビュタント（ランブラー）とアルベルティーヌ（ラージ・フラワード・クライマー）
下：白いアスチルベ。テラスへあがる片隅に毎年咲いてくれる

窓辺のピエール・ドゥ・ロンサールは、夜はライトアップする

薬品を含みますが、現在では、減農薬、無農薬食品を選んで買えるようになったこと、多種多様な食物からつくられることで、危険が分散されるのではないかと考えるからです。

また、腐葉土や木酢液など、無農薬栽培のための資材といっても、原料もつくり方も不明なものを使うと、逆に危険なこともあります。日々、食品の産地や原料をチェックする感覚で資材を選ぶことが大切だと思います。

このように、僕は、人間の健康を守るためのノウハウを活かしてバラづくりをしています。最近では、健康な土をつくることこそ、もっとも大事なことだと確信しています。

暑い地方での地植えのバラ栽培12カ月

九州は6月になると、暑く、蚊が多く、庭に出ることはできません。

それでも、庭に出たいときは木酢液を50倍に希釈したものを、茂みに噴霧器やジョウロで散布して、蚊を追い払います。バラには直接かからないように注意します。50倍の濃度のものをバラにかけると葉が縮れてしまうからです。

秋になっても残暑が厳しく、秋のバラを美しく咲かせるための作業を行なうのは不可能です。

そこで、5月にいかに美しい花を咲かせるかにしぼることにしたのです。そうしたら、すごく気楽に庭の作業ができるようになりました。

バラは、夏は虫にくわれ、黒点病で葉を落とします。でも枯れることはありません。風通しがよくなっていいね、なんて気楽に構えています。

6月の梅酒づくりの季節には、梅酒づくり用の容器を購入して、ニンニクとトウガラシを焼酎に漬けこみます。

これは翌春の病虫害対策に使用します。

アメリカの生物学者の研究によると、トウガラシエキスに含まれるカプサイシンは、虫の侵入を阻止するのではなく、虫があけた穴から細菌類が侵入するのを防ぐ働きをもっているそうです。

また6月には、佐賀県伊万里市で家庭の生ごみからつくっている堆肥を購入し、マルチングするように土の上にまいています。生ごみの堆肥は、肥料分もあり、花後の成長を助けます。それに、暑さから根を守り、乾燥を防ぎます。

10〜12月には、もみ殻マルチ（→41ページ）をします。

10センチくらいの厚さにまいたもみ殻は、遮光効果で雑草を生えにくくし、その下の環境はミミズの繁殖に最適となり、そのミミズたちが土を耕してくれます。

Column　ニンニク・トウガラシ液のつくり方

材料

焼酎35度4ℓ、トウガラシ5個入りを10パック、ニンニク10〜15個

つくり方

❶梅酒づくりの季節にスーパーの店頭に並ぶ梅酒づくり用の容器を用います。ビンはガラスよりプラスチックのほうが割れないし、軽いし、使いやすいでしょう。
❷トウガラシとニンニクはできるだけ無農薬・有機栽培で国内産のものを使用します。
❸5ℓビンに材料をすべて入れて、2カ月くらい寝かせると使えます。

使い方

❶希釈倍数は1000〜500倍の間で、まいたあとの葉の様子を観察して、希釈倍率を調節します。
❷3月と4月に、4ℓの噴霧器に、木酢液、ニームオイル、ニンニク・トウガラシ液を混ぜて、株全体と根元の半径50㎝に散布します。蕾にはかけないようにします。（それぞれの希釈倍率、まく頻度は、オーガニックカレンダー参照）

12月には、すべての葉を取りのぞきます。

この作業は、次の3つの目的で行なっています。

温暖な九州では冬になってもバラが咲き続けるので、強制的に休眠に入らせます。春にいっせいに花を咲かせるための工夫です。

また、特につるバラは、葉を先に取りのぞくことで剪定や誘引の作業がとてもやりやすくなります。

さらに、うどんこ病やアブラムシなどは芽の周辺や葉のつけ根に付着して冬越しするといわれています。葉をきれいに取りのぞくことで、春先の被害を減らそうと考えて行なっている工夫です。

いろんな工夫は冬の楽しい作業です。

冬には、有用微生物資材であるコフナを使った米ぬか発酵肥料づくりもしています。暑い時期と違ってウジも発生しませんし、ご近所が窓を開けたとき、臭いでいやな思いをすることもありません。

できた米ぬか発酵肥料は土の上にばらまいて、その上からもみ殻で厚く覆ってしまいます。

2月は剪定、誘引作業です。

僕はつるバラを壁に誘引していますが、壁に、釘などを打って穴をあけることはありません。もともとある雨どいや突

Column 米ぬか発酵肥料のつくり方

庭の隅の土の上でつくります。
❶腐葉土、馬糞堆肥、くん炭、米ぬか、コフナ、リン酸、骨粉＋油かす発酵肥料を層状に置きます。
各材料の量は適当、目分量です。
❷❶の材料をよく混ぜます。
❸ジョウロの水に糖蜜、キトサン液を適当に混ぜ、これを❷の上からまき、よく混ぜ合わせ、握ってつつくとほろりと崩れる程度にします。
❹できたら、上にビニールをかけます。
❺40～50度くらいの温度で発酵させます。
❻だいたい1週間くらい発酵させて、そのまま株のまわりにまきます。
きわめてアバウトで、肥料成分の計算も何もしていません。

左の写真は、発酵途中で現われた善玉菌の菌糸です。

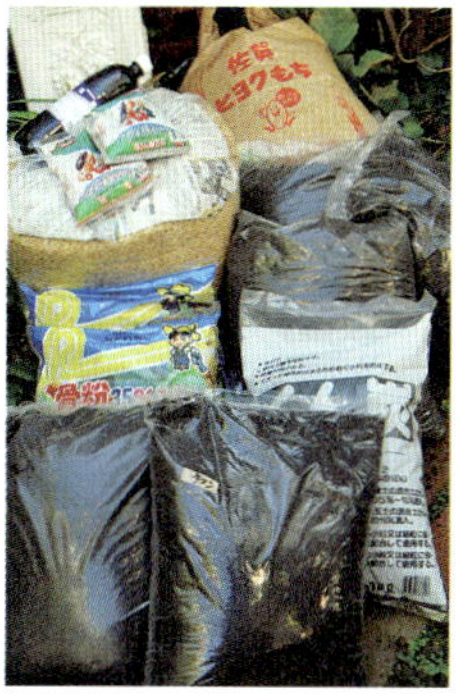

起物などをうまく利用して鋼線を張っています。古い葉はすべて取ってしまいますので、誘引作業も楽です。

この冬の誘引作業が、一番重要で、一番好きな作業です。

こうした大がかりな作業は日曜日を使って行ないますが、小さな作業は、お昼休みに30分くらい行なったりしています。

3月は、6月に仕込んだニンニク・トウガラシ液と木酢液、ニームオイルを適宜希釈して混ぜたものを、2～4回、蕾にかからないように気をつけて、株全体と根元から半径50センチの地面に散布します。散布後に葉の様子などを見ながら、希釈倍数を変えます（↓オーガニックカレンダー）。

4月は、同じものを、それぞれの希釈を多少変えて、虫が出はじめたら週に1～2回散布します。

以前よくやった失敗は、乳化されていないタイプのニームオイルを使って、寒い日は固まって使えなかったり、噴霧器がつまったりしたことです。

寒天溶液の散布もして

ブラン・ピエール・ドゥ・ロンサール（ラージ・フラワード・クライマー）とラプソディ・イン・ブルー（シュラブ）。上のピンクのバラはソニア・リキエル（シュラブ）

西側の庭の入り口から見た庭とテラス

Column 暑い地方の僕のおすすめバラ

僕が育てているオーガニックに向くと思うバラを紹介しましょう。

❶ナエマ（シュラブ）
手前のピンクがナエマ。夏の暑さに強いバラです。

❷ジェイムズ・ギャルウェイ（イングリッシュローズ）
駐車場で大きく育っています。とにかく生育旺盛で、花がたくさんつきます。

❸ボウ・ベルズ（イングリッシュローズ）
西側に咲くボウ・ベルズ。丈夫でよく咲いてくれます。

❹コーネリア（ハイブリッド・ムスク）
東壁から垂れて風に揺れるコーネリア。素敵な風情のあるバラです。

❺エヴリン（イングリッシュローズ）
駐車場から庭へ入るアーチにはエヴリンが咲いています。香りとアプリコットの色合いが素敵です。

❻ノイバラ（野生種）
バラの季節の最後6月に咲くノイバラ。生育も旺盛。

そのほか、アンジェラ（写真30ページ）、ピエール・ドゥ・ロンサール（写真33、38ページ）も、おすすめです。

1

2

3

4

5

6

いました。これは虫の気門をふさぐという目的で行なっていたのですが、これも、噴霧器をつまらせてしまうのでやめてしまいました。

木酢液について

木酢液は有用微生物をふやす目的で使っています。

木酢液による有用微生物増殖のメカニズムを厳密に調べたものはないようですが、経験的に500倍の希釈液で、有用微生物がふえるという結果が得られているそうです。

なぜ有用微生物だけがふえるのかはわかっていませんが、おそらく木酢液の成分である酢酸を含む有機酸類、アルコール類、フェノール類、エステル類、アルデヒド類などが、有用微生物の餌となるのではないかと考えられています。

木酢液を散布するときは、ニンニク・トウガラシ液とニームオイルと混ぜて使っています。

株全体と株元の半径50センチくらいの土にまきますが、蕾が出てきたら、これにはかけないようにします。

また木酢液は、夏の蚊よけ、野良猫の糞害予防にもなります。

このような木酢液の使い方は、農業の専門雑誌「現代農業」（農文協）や、岩澤信夫氏の著書『究極の田んぼ』（日本

南向きの出窓を覆うピエール・ドゥ・ロンサール

経済新聞出版社）など、農業関係のオーガニック栽培を実践している方の記述を参考にしています。

さて２０１０年は、なるべく木酢液やニームオイルを使わないで試してみました。確かにアブラムシも黒点病も多かったように思います。しかし、５月には結構素敵な花が咲きました。

うどんこ病はバラの種類によって発生しやすいかどうかが決まるようです。僕の庭では、オールドローズのチャイナ系などに発生しがちです。発生したときは、アルコール分を主成分とした手の消毒用のスプレーをティッシュにつけて葉を拭いています。

アーチから庭に続く小道。狭いスペースだが、自分でレンガを並べた

さらに２０１０年は、地植えのバラをアップルミント、オーデコロンミント、ペパーミント、レモンバーム、バジルなどのハーブ類で囲んでみました。「害虫」の侵入や土の跳ね返りを防げて、黒点病が減るのではないかと考えたのです。

確かにその点では成功したようですが、バラの肥料は栄養分がすごいので、ハーブが育ちすぎて肝心のバラが埋もれてしまい、確かこのへんにバラがあったはずだがと、探すことになってしまいました。

でも、こんな失敗もまた、楽しいものです。何より、そんな作業も、心地よく安心してできるのがオーガニック栽培の素晴らしいところではないでしょうか。

オーガニック栽培のつぼは、まさに健康な土をつくること、病虫害に強いバラを選ぶことにつきるでしょう。

もうひとつつけ加えるとすると、毎日眺めて、かわいいかわいいとほめてやることです。そうしていると、小さな変化に気づき、早期発見早期治療ができるのです。

	6月	7月	8月	9月	10月	11月
	ノイバラが咲いて、後はぱらぱらと咲くのみ。	あまりの暑さと蚊のため、庭には出ない。		暑さがひどく、ジャングルと化す。	秋バラ開花。	
	花がら摘み。				花がら摘み。	
	梅酒づくりセットを利用して、ニンニク・トウガラシ液をつくる。→P.34		ブラン・ピエール・ドゥ・ロンサール 		 愛犬シフォンとブラウニー	
	お礼肥に、米ぬか発酵肥料を与える。				もみ殻でマルチング。→P.41	
	生ごみからつくった堆肥を与え、マルチング代わりにする。→P.34		抜いた雑草でマルチング。			

Organic Rose Calendar

オーガニックカレンダー／松本隆司

	12月	1月	2月	3月	4月	5月
庭のバラの様子	放っておくと、アイスバーグが咲きつづける。		新芽が膨らむ。	葉が展開。	モッコウバラ開花。チャイナ系が咲きはじめる。	次々と開花。
バラの世話	葉をむしって強制冬眠へ。	つるバラの剪定＆誘引。				花がら摘み。 一季咲きバラの剪定。 黒点病の葉むしり。
病気のこと	葉をすべて取りのぞく。→P.35			木酢液（500倍希釈）、ニンニク・トウガラシ液（1000倍希釈）、ニームオイル（200～500倍希釈）を混ぜたものを、月2～4回散布。 →P.36	木酢液（100倍希釈）、ニンニク・トウガラシ液（500倍希釈）、ニームオイル（200倍希釈）を混ぜたものを、（虫が出はじめたら）週1～2回散布。 →P.36	
虫のこと						テントウムシが、活動。
肥料のこと	米ぬか発酵肥料をコフナでつくる。 →P.35 米ぬか発酵肥料と骨粉、油かす発酵肥料を混ぜて株のまわりにまき、その上から、もみ殻でマルチング。 →P.41			液肥を与える。		
土のこと						

テントウムシ

もみ殻で有機物マルチ

❶秋の稲刈りがすむと、新米の脱穀のあと、もみ殻が野菜の直売所に20ℓ入り100～200円で並ぶので、それを利用しています。

❷10～12月、冬の寒肥やりのあと、その上を10cmくらいの厚さで覆います。（写真左）

❸冬の寒さ、夏の暑さによる地温の変化を少なくし、また、日光を遮ることで雑草が生えにくく、生えた雑草は抜きやすくなり、その下はミミズの成育に好環境となります。（写真中・右）

ベランダのコンテナ栽培こそオーガニックで

佐藤和彦《さとう・かずひこ》（東京都）

バラ栽培歴8年。
高校常勤講師をしながら、ヘレボルス（クリスマス・ローズ）の生産を細々と行なっている。趣味は読書、旅行、料理、英語資格取得など。生徒も植物も真心があればすくすく育つと信じ、日々努力！

さほど広くないベランダでも農薬を使わずにバラ栽培の楽しみを満喫できる！

これこそが、ガーデニングに目覚め、バラ栽培に夢中になればなるほど、僕が確信してきた思いです。

「さほど広くないベランダ」といっても、わが家のベランダは東と南にひとつずつあり、それぞれのベランダが東に7×2メートル、南に10×1・5メートルの大きさです。

普通のマンション住まいとしてはある程度の広さは確保できているのかもしれません。

南側のベランダといえど、当然のごとく屋根に遮られ、一日中日光を確保できるわけではありません。

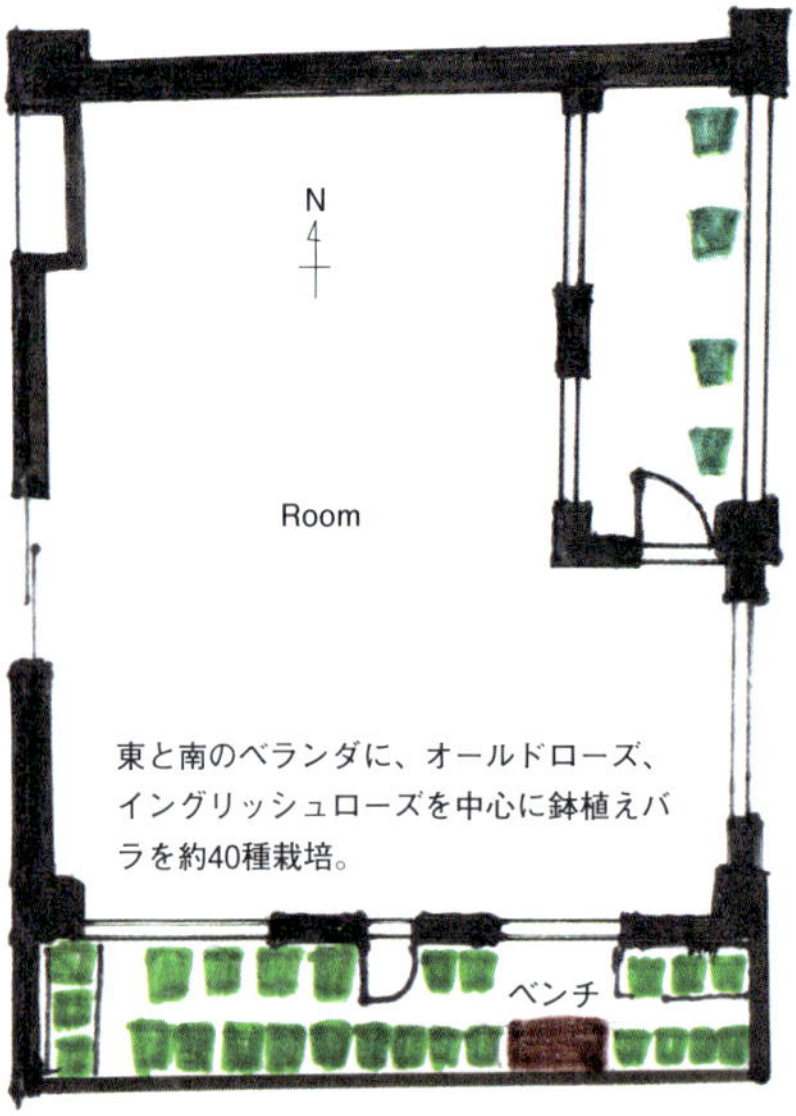

東と南のベランダに、オールドローズ、イングリッシュローズを中心に鉢植えバラを約40種栽培。

●所在地／東京都杉並区
●ベランダの面積／約22m^2（東と南の２カ所）
●日当たり／東向きのベランダは午前中３時間ほど。南向きのベランダは日当たりは午前中のみだが、その西側のみ一日中日が当たる
●鉢植え／バラ70本。すべて鉢栽培

右：ブルー・ランブラー（別名ファイルヘンブラウ）（ハイブリッド・ムルティフローラ）とヒラタアブ
左：５月のベランダ。極小輪のブルー・ランブラーを、ベランダに出る戸口のまわりに這わせている。日陰に紫がよく合う

春先はベランダの奥まで光が差しこんできますが、バラのピークを迎える5月には、正午でベランダの手すりの内側に若干光が差しこむ程度です。真夏になれば、直射的に降り注ぐ日光はさらに遮られます。

東側にいたっては、早朝からよくて3～4時間の日光の確保がいいところ。かなり制限された条件の中でのバラ栽培となっています。

それでも、東側のベランダでは花つきがやや落ちるものの、若干小ぶりながら素晴らしい香りを含んだ見事なバラが花をつけてくれます。


フルタイムの仕事をもち、またクリスマス・ローズにも熱中しているという理由から、ここ数年、バラに全精力を傾けることができずにいます。

その手入れはほとんど怠慢といってもいい今日このごろ。でもコツさえつかめば、時間のない方でもベランダでバラのオーガニック栽培を十分に楽しめること間違いなし、です。

1日おきに、鉢穴から水が滴るほどの水やりをていねいにすることはもちろん必要ですが、週1回は1時間くらい集中してバラをケアしています。

シャルル・ドゥ・ミル（ガリカ）。古いオールドローズの中でも特に古いものだ。花の素晴らしさはもちろんのこと、マットな葉、樹形、どれを取っても秀逸なガーデンプラント。ひとつだけバラを選べといわれたら迷わずこれを選ぶだろう

お気に入りはなんといってもオールドローズ

僕のお気に入りのバラは、なんといってもオールドローズです。最大の理由は、その花の美しさではなく、葉の魅力にあります。

モダンローズ（1867年に作出されたラ・フランス以降のバラのカテゴリー）の光沢のある大きな葉ではなく、葉脈が浮き出たマットな質感の、ガーデンによくマッチする葉。それこそが、僕にとっては、1年を通じて花のない季節にもバラという植物を楽しむために必要不可欠な条件なのです。

とはいえ、ベランダのすべてのバラが一季咲きのオールドローズではやはり寂しくもあり、所有のバラの半分は四季咲きのイングリッシュローズです。

僕のお気に入りのバラは以下の通りです。

オールドローズでいえば、ガリカ系が大好き。葉の質感はどのバラにも負けない美しさがあると思います。

その中でも花も葉も最高に素敵なのが、シャルル・ドゥ・ミル。

花と株立ちの美しさでいうならば、カルディナル・ドゥ・リシュリューも捨てがたいです。

きれいに発色したときのガリカの紫はじつにきれいです。特に日陰で見るガリカの紫に息を呑むこともしばしば。わが家のベランダは昼前には日が翳ってしまいますから、オールドローズのこんな楽しみ方もできるのです。

カルディナル・ドゥ・リシュリュー（ガリカ）。オールドローズの古い品種。咲きはじめからすぐに退色する紫はこの花ならでは。その紫はむしろ日陰で真価が発揮され、息を呑むほど美しい

コンテナ栽培での工夫1
施肥の仕方

バラをコンテナ栽培するうえでもっとも気をつけたいのが鉢土です。

植物全般にいえることですが、地植えのものと違って、鉢土に栄養分がなくなると目に見えてわかるほど植物は衰弱します。その影響は栽培においてほかのどんな要素よりも甚大なように思います。

鉢土の栄養分流出を防ぐためには、単に市販の肥料を与えつづければいいというものでもありません。僕の経験からすると、毎年、冬の植え替え時に、たっぷりと堆肥を施すことが肝要だと思います。

アルシデュック・ジョゼフ（ティー）。オレンジが若干入った赤いティー。樹形も暴れることなく扱いやすい四季咲きのオールドローズ

○冬の施肥

時間があれば、わが家にあるすべての鉢（バラ鉢だけで40鉢）の植え替えを実施し、堆肥を施します。

使用する堆肥は、減農薬を標榜する肥料メーカーから購入する馬糞堆肥です。馬の食した草やわらがふんだんに入った堆肥です。

それをメインに、そのおよそ3分の1程度の乾燥牛糞（粉状の物でなく小さなブロックになっているもの）を混ぜ合わせます。

それをあらかじめブレンドしておいた用土（↓47ページ）に、堆肥全量が用土に対して2割ぐらいになるようにして混ぜこみ、さらに有機の元肥、バラは水をとても必要とするので水持ちをよくする資材を規定量混ぜこみ、そこにバラの根が乾かないうちにしっかりと植えつけます。

○鉢バラぐさぐさマルチ

冬、植え替えの時間がないときは、鉢土上部から馬糞堆肥と元肥を適量のせ、上から棒状の物でぐさぐさ土内部に強制的に混入していきます。バラの根は春には回復してくるので、この作業で多少切れてしまってもまったく問題ありません。

○春の施肥

花前の3月上旬から4月上旬にかけてリン酸分の高い肥料

（自家製ぼかし肥料、市販の有機肥料や液肥）を施します（→オーガニックカレンダー）。

その後はバラの花が咲く直前までいっさい肥料は与えません。

肥料を与えすぎると花の形が悪くなるだけでなく、栄養過多で葉が柔らかくなり、うどんこ病を誘発しやすくなるように思います。この点は気をつけたほうがいいでしょう。

○花後の施肥

花後の消耗を避けるために、僕は花が咲き終わる寸前のところでお礼肥をあげます。

ここからが僕流なのですが、鉢土の上部（根が当たらないところ）あたりに、先ほどの馬糞堆肥を混ぜこみます。

この時点で、気温はだいぶ高くなっています。堆肥をそのまま施すとハエなどの虫を誘引しやすくなるので、事前に200倍程度に水で薄めた木酢液に堆肥を数日漬けこんでおきます。そうすると多少、虫の飛来が遅くなります。完璧には防げませんが、多少は気持ちよくベランダの環境を保持することができます。

堆肥を漬けこむ時間がないときでも、堆肥の施肥後、必ず上記のように薄めた木酢液を灌水しておきます。ハエが気になるようでしたらこれを繰り返します。

コントゥ・ドゥ・シャンボール（ポートランド）。東側の日当たりのよくないベランダに置いてあるため、返り咲きの品種だが５月以降花をつけてくれない。ダマスクの香りが素晴らしいオールドローズ

このように堆肥を施すのは5月の花で消耗した土に栄養分を取り戻すためです。肥料だけではどうしてもまかなうことのできない土の力をこれで多少なりとも復活させることができるように思います。

あくまでも我流ですが、これで鉢土の状態を1年を通じてかなりよい状態に保つことができます。

○その後の施肥

その後、6月、7月に自家製ぼかし肥料や市販の有機肥料を規定量施肥したあと、8月は施肥はしません。9月上旬に一度施肥をすることで、夏の暑さで消耗したバラを覚醒させるかのごとく活発にさせるためです。

夏にバラの体力が消耗しているようでしたら、薄い液肥を与えて体力保持をしてあげてもいいかもしれません。

コンテナ栽培での工夫2
基本の用土

用土のブレンドは人それぞれですが、僕は、赤玉土5、鹿沼土1、腐葉土3、くん炭1の配合が使いやすいと思っています。

その後、ふるいにかけたこの用土に堆肥などの45ページで紹介した資材を混ぜこんでいきます。

腐葉土はコガネムシの幼虫が入るといって使用を忌避する方がいますが、僕は、コガネムシの幼虫は腐葉土があってもなくても堆肥などの資材があれば、入るときは入ると考えています。市販の培養土を使用していればなおさらです。どの培養土にも腐葉土は混入されているはずですから。

虫の害については、あまり目くじらを立てないほうがいいのではないでしょうか。何よりも栽培していくうえで精神的に楽でいることが肝要ですから、虫との戦いに疲れてしまっては元も子もありません。

コーネリア（ハイブリッド・ムスク）を壁面に沿わせている。日当たりが十分でないので花の色が薄いが、それでも堆肥をしっかり与えることで毎年花をつけてくれる

佐藤流オーガニック・スプレー

バラの虫の被害は日ごろからよ

く観察していれば、さほど深刻なものではありません。それでも放っておけば、蕾や葉を食害されたりといいことはありません。よほど気になるならば、自然由来のオーガニックな活力剤をつくってみるのもいいでしょう。

僕の場合は、ドクダミの葉、トウガラシ、ニンニクをアルコールで抽出したものを使っています。この3つの資材はおもに「害虫」忌避のために使います。できあがった液体を500倍くらいに水で薄めて使っています。

ヨモギやドクダミ、トウガラシ、ニンニクをEM菌で一緒に発酵させた「天恵緑汁《てんけいりょくじゅう》」を500倍程度に水で薄めて使うこともあります。ヨモギやドクダミをつんで容器に入れ、EM菌を500倍くらいに薄めたものをひたひたになるくらいに注ぐといいでしょう。

紫燕飛舞（ズーイェンフェウー）（チャイナ）。目をひく素晴らしい赤バラ。香りもたっぷりで樹形のまとまりもよく、手放すことができない品種

Column　家庭で簡単にできる乳酸菌液

これは以前、「現代農業」（農文協）という雑誌に掲載されていた記事をもとにつくってみた活力剤です。とても簡単にできるので、是非つくって試してほしい活力剤です。

つくり方は、2ℓのペットボトルに米のとぎ汁を8分目まで入れ、そこに低脂肪、もしくは無脂肪の牛乳を入れ、冷蔵庫の横などの比較的温度が高いところに置いておきます。

数日すると牛乳の成分が白いかたまりとなって浮いてきます。

栓をゆるめ、シュッとした音がして、チーズのような発酵した匂いがしてきたらできあがり。

これを白いかたまりを入れないように、500〜1000倍に薄めて使ったり、「天恵緑汁」に混ぜて使ったりしています。

長く使うことでカビ系の病気に効果があるのではと期待しています。

写真は、2ℓのペットボトルでつくった乳酸菌液です。

詳しくは、僕のブログをご参照ください。

Sato Nursery's Blog
http://stnsr.exblog.jp/
（2010年4月11日）

この活力剤に、米のとぎ汁を低脂肪牛乳で発酵させた乳酸菌を入れ、パワーアップしたりもします。

オーガニック・スプレーの効き目

こうした天然由来の活力剤を定期的に散布していると株も強くなります。

「害虫」に対して効果があるだけでなく、放線菌や乳酸菌などで構成されているEM菌がうどんこ病などのカビ系の病気にも効き目を見せます。農薬ほど劇的に効くということはありませんが、長く使っていくことで被害を軽減することは十分可能だと思います。

バラ栽培で一番の大敵は、じつは虫害よりもうどんこ病などのカビ系の病気なのではないかと思います。

というのも、虫害は注意して観察していれば、被害は大きく広がることはありませんが、うどんこ病は4月の湿気の出る季節になると、それまではなんともなかった健康な葉が一夜にして粉を吹いたようになってしまうからです。特にベランダ栽培では、雨が直接当たらないので、うどんこ病になりやすいようです。肥料を過度に施してもうどんこ病にかかりやすいといわれています。

葉はとても大事です。日光を浴び締まった株に育てるには、葉が病気に侵されていてはどうしようもありません。蕾までもがうどんこ病に侵されてしまっては、その後の花に甚大な影響を与えます。こうした理由からうどんこ病は発症してもできるだけ進行を抑える必要があります。

前述のEM菌や天恵緑汁などの発酵菌は、こうしたカビ系の病気への効果だけでなく、鉢土に栄養分を与え、株を健康にしていくという一石二鳥の効果を期待しています。

木酢液の使用

木酢液の使い方は十分注意したいところです。

病虫害に決して万能ではありません。むしろ内包されているタール分に気をつけなければなりません。

濃い紫のウイリアム・シェイクスピア2000（イングリッシュローズ）を優しいピンクのルイーズ・オディエ（ブルボン）に合わせ、そこに濃色のクレマチス、ロマンティカを入れ、ぐっと落ち着いた色彩にしてみた。こうした色の合わせがバラの楽しいところだ

木酢液は、原液ではせっかくの土中の微生物を死滅させてしまいますが、メーカーによっても異なるとは思いますが、200〜500倍に薄めると逆にこうした微生物をふやす効果があるといわれています。

僕は200倍に薄めた木酢液を、おもに「害虫」が出やすい梅雨から夏場にかけてと植え替え直後に、上記のEM菌などの資材に混ぜ、土の上から灌水するようにしています。

以前は葉面散布もしていたのですが、酸度の強い木酢液は葉を縮らすなどマイナスの面もありますのでやめてしまいました。

どんな鉢を使っているか

ベランダでは重量制限が気になるところです。用土の重さを考慮すると、お洒落なテラコッタの鉢などは使用を控えなければいけません。したがって、たくさんのバラを楽しみたいのであれば、使える鉢はおのずとプラスチックの鉢に限定されてくるのではないでしょうか。

僕はスリット鉢（根張りがよくなるよう、鉢底に縦にスリット状の穴をあけたプラスチック製の鉢）を使用しています。軽量であることはもちろんのこと、プラスチックならではの水持ちのよさもその理由です。色合いが好きではないので、白にペイントしてベランダの統一感を出しています。

冬の剪定時のバラの様子

ベランダ栽培ならではのポイント

ベランダ栽培で一番気をつけたいのは、じつは近隣の住民の理解ではないかと思います。

○葉面散布時には、ベランダから外には液体がかからないように、株の外側を内に向けて散布する。

○臭いの出る肥料は使わない。

○そして何よりも共同住宅ですから、排水溝に枯れ葉などがつまらないようにまめに掃除する。

こうしたことがバラ栽培を気持ちよく続けていくうえで、何よりも大切になってくると思います。言い換えれば、それを実行することができれば、近隣の方の理解をいただき、交流も深まり、以前にも増して楽しいガーデニングができるのではないでしょうか。

僕は5月のバラは水揚げしたあと、隣近所に差し上げることにしています。みなさん、とても喜んでくださいます。こうした活動を通して仲間がふえ、人の輪が広がっていく……、そのような人との触れ合いこそが、園芸をやっていてよかったといえる瞬間なのかもしれません。バラの花だけを追いかけるのではなく、環境や人に配慮した園芸ライフはほんとうに楽しいものです。

色が氾濫していると統一性がなくなるので、ベランダ内のものは9割がた白に、残りはブルーにペイントして、さっぱりとした感じのベランダに。鉢は白くペイントしたスリット鉢

Column 米ぬかすりすり作戦

うどんこ病が発生してしまったら、米ぬかを指に取り、直接葉や蕾にこすりつけてしまいます。

一時的ではありますが、しばらくはうどんこ病を撃退することができます。

特に葉面散布時にどうしても液が展着しにくい蕾の下部などには効果絶大です。
❶できるだけ初期のうちにうどんこ病を見つけて、米ぬかを手に取り、そっとこすりつけます。
❷消しゴムで消したようにうどんこ病が消えます。
❸数日間観察を続け、また発生したら、同じように処置します。

❶

❷

❸

	6月	7月	8月	9月	10月	11月
	つる性の遅咲きのバラはこの時期に花を咲かせる。	四季咲きのバラは二番花を咲かせる。	四季咲きのバラは蕾を上げるが花は咲かせない。	四季咲きバラは下旬には蕾を上げてくる。	四季咲きバラの花が咲く。	
	つる性の遅咲きのバラは、花を咲かせた枝を落とし、新枝を伸ばすようにする。	二番花の花後は葉をできるだけ残すように剪定をする。	下旬に強剪定。 秋のバラに備える。 暑さで消耗しやすいのでよく観察する。	うどんこ病が広がらないようにチェックする。	花後、花首だけ落としておく。 うどんこ病が広がらないようにチェックする。	
	菌液を散布する。 対応を取る。→P.51	雨の季節は黒点病に注意する。下葉が黒点病に侵されていたらむしる。EM菌、乳酸菌液を散布しておく。多少は被害を抑えられる。 →P.48、49	黒点病に注意する。下葉が黒点病に侵されていたらむしる。EM菌、乳酸菌液を散布すると多少は被害を抑えられる。 →P.48、49	中旬には再びうどんこ病対策として、EM菌、乳酸菌液を散布する。 →P.48、49	うどんこ病対策として、EM菌、乳酸菌液を散布する。 →P.48、49	
	葉を食害する虫に注意する。手で取る。					
	下旬に固形有機肥料を施す。	薄い液肥を数回施す。	暑さで消耗しているようなら、薄い液肥を施す。	9月に入ったらすぐに固形有機肥料を施す。 樹勢を回復するため液肥を週に1回程度施す。	10月から植え替えの12月まで肥料はあげない。	
		夏の消耗を防ぐため、前述の馬糞堆肥を少量、用土上部に軽く混ぜこむ。→P.46 虫が来ないように200倍に薄めた木酢液を灌水する。 →P.50				

Organic Rose Calendar

オーガニックカレンダー／佐藤和彦

	12月	1月	2月	3月	4月	5月
庭のバラの様子	四季咲きバラはまだ花を咲かそうとしている。	葉がなく枝のみの状態。	下旬になると芽が膨らんでくる。	勢いよく葉を出す。	蕾をつける。	花が咲く。
バラの世話	強制的に葉を落とす。弱剪定する。	オールドローズで半つる性のものは誘引し、蕾をつけやすくする。	上旬に四季咲きバラの強剪定をする。		うどんこ病が広がらないようにチェックする。	花後は剪定する。
病気のこと					うどんこ病対策として、EM菌、乳酸 →P.48、49 発生したら「米ぬかすりすり」などの	
虫のこと					4月中旬にもなると虫が発生してくる。バラゾウムシ被害予防にトウガラシエキスを散布する。	虫を見つけたら手で取るぐらいはする。あとは躍起にならず、バラと虫との共生を見守る。
肥料のこと	植え替え時に、用土に元肥を混ぜこむ。→P.45		下旬から3月上旬にかけて1回、固形有機肥料を施す。	週1回、リン酸分の多い液肥を施す。固形の肥料をあげすぎると花の形を悪くするので、あげない。	4月いっぱい、また花が咲くまでは肥料はあげない。	花が咲いている最中に、固形有機肥料のお礼肥を施す。
土のこと	植え替え時に、用土に馬糞堆肥、牛糞堆肥をそれぞれ適量混ぜこむ。→P.45 植え替え直後に、200倍に薄めた木酢液を灌水、地上部もたっぷり散布。→P.50					花が咲きはじめるころに、前述の馬糞堆肥を少量、用土上部に軽く混ぜこむ。→P.45、46 虫が来ないように200倍に薄めた木酢液を灌水する。→P.50

ブラッシュ・ノワゼット

生き物たちと暮らすバラ庭

神吉晃子 かんき・あきこ（東京都）

家とともにこの庭を手に入れたのは11年前です。

小さい庭に夢をつめこんで、マンションのベランダで育てていた鉢植えのバラや木をここに植えこみました。

思い描くのは鳥や虫たちが木陰で憩い、花々のまわりで遊ぶサンクチュアリでした。

自分の庭に鳥や虫が訪れ、命をつないでいくことが夢でした。山を切り崩してつくられた土地に住みながら、でもだからこそ、これからつくる庭が鳥や虫たちの故郷になることを望みました。

バラであろうとほかの植物であろうと、薬を使うことは考えていませんでした。野にあるもののように虫や鳥が暮らし、葉や実を食べ、あるいは自分が食べられ、命が循環する自然の一部である庭にしたかったのです。

「害虫」といわれる虫を手で取ることさえほとんどしていま

バラ栽培歴14年。
11年前に緑の多い郊外に越してきて庭づくりを始めた。生き物はなんでも大好き。人と生き物たちが自然に触れ合える庭づくりをめざしている。家族は、夫とセキセイインコ1羽、オカメインコ1羽。趣味は手仕事、読書、茶道、自然観察。

ペルル・ドール（ポリアンサ）の花びらにとまる孵化後３日目のカマキリ

せん。虫が好きで殺せない……ということもありますが、人が手を出すまでもなく、その虫を餌とするほかの生き物が必ずいるのだから。ただ注意深く、興味深く、観察しています。さまざまなドラマがそこに見られます。

庭の環境に合った植物を植える

庭として使っているのは敷地50坪の中の20坪ほど。それも家によって3つに区切られたそれぞれ細長い空間です。

北東の玄関前のシェードガーデン、東の道に面した南北に長いフロントガーデン、そして南は隣家に遮られた東西に長いメインガーデン、いずれも一日中日当たりに恵まれることはない場所です。

バラにとって一番いい場所は、東の道に面した庭でした。ここでは、アーチとフェンスにつるバラをからめ、ブッシュに育つバラを植え、その合間に宿根草や季節ごとに咲く明るい一年草を植えこみました。

季節によって半日ほど日が当たる南の庭には、球根の花々やアジサイやユリを咲かせています。香りを楽しむキンモクセイやクチナシ、実りが楽しみなブドウやベリー類もこの庭です。バラは鉢植えのものを日当

●所在地／東京都町田市 **●庭の面積**／約60m² **●日当たり**／東側道路のため午前中は日当たり良好、そのあとはほぼ日陰 **●地植え・鉢植え**／バラ30本のうち、地植え15本、鉢植え15本

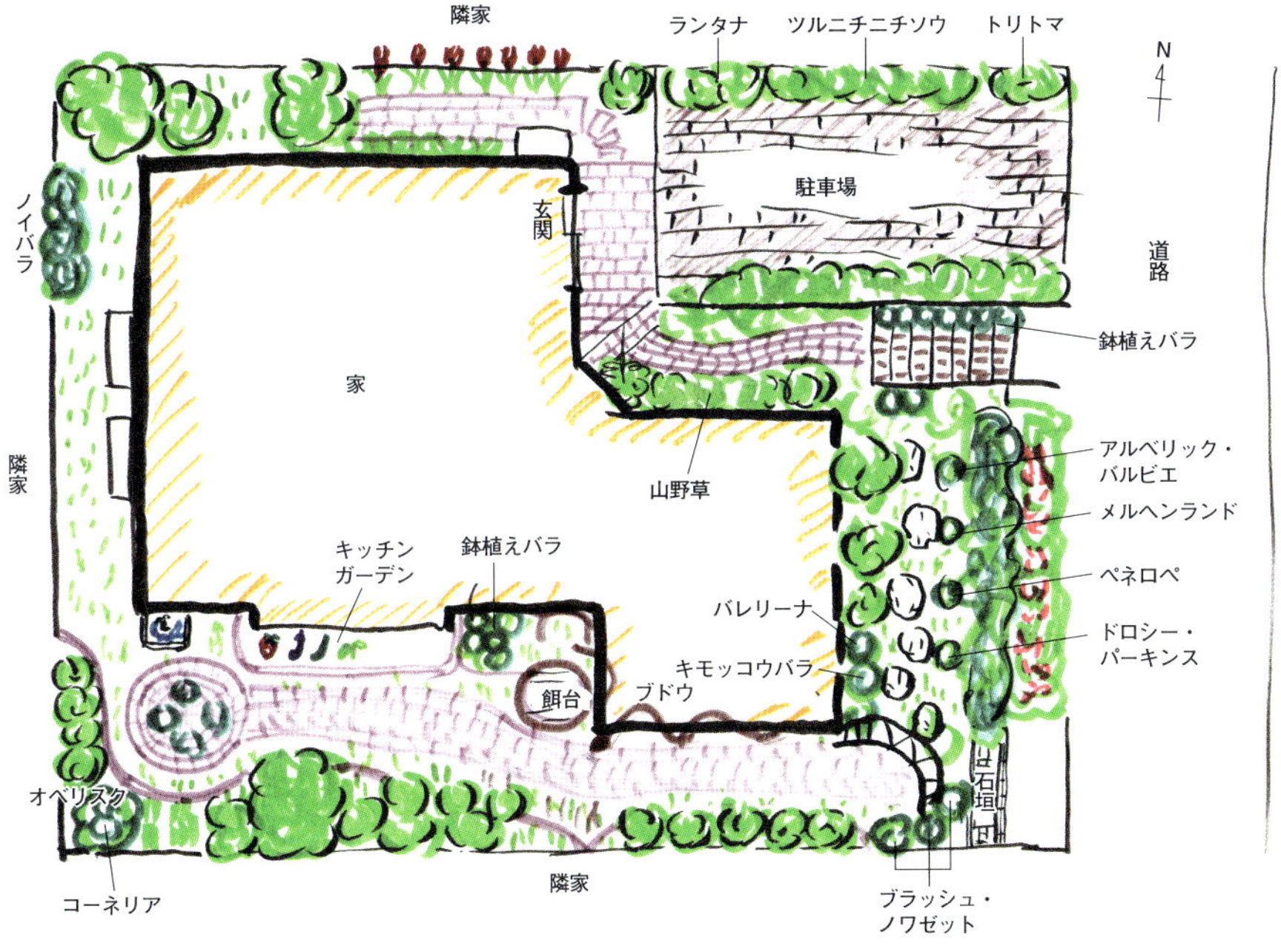

たりに合わせてここに置いています。
玄関前の北東の庭は、直射日光は当たりませんが、開けている明るいシェードガーデンです。クリスマス・ローズやホスタ、ティアレラやヒューケラ、アカンサスモリスや、山アジサイ、ナルコユリなどの茶花が元気に育ちます。しっとりとしたお気に入りの空間です。
このように、その場所、環境に適したものを選んで植えたら、植物は健やかに育つのです。日陰が多いわが家の庭では、日光を好む華やかであざやかな花たちを育てることは難しいのですが、何度となく失敗しながらも、ここを好むバラや草花を見つけました。そんな環境やここを訪れる虫や鳥たちを含めて、自分の庭として慈しんでいます。

上：東の道に面した庭。わが家ではバラを育てるのにもっともよい場所だ。5月初旬、キモッコウバラ（野生種）がたわわに咲く
中：南の庭。季節によっては半日ほど日が当たる。球根花やアジサイ、ユリなどを植えている
下：玄関前の北東の庭はシェードガーデン。クリスマス・ローズやホスタなどを植えている

でも、庭づくりを始めたばかりのころは、春にはスギナの緑に覆われていました。

そこで、土を改良しようと野菜くずを埋めました。初めのころは、いつまでもゴロゴロと土から出てきた野菜くずも、せっせと埋めつづけ、堆肥を混ぜこんだり耕したりしているうちに、すぐに土に還るようになりました。

今思うと、最初の赤土には有機物を分解する土着菌がまだ少なかったのでしょう。庭の植物の成長とともに、土も成熟し落ち着いてきたようです。

バラをめぐる生き物たち

春先、バラに最初に現われるのはアブラムシです。あっという間に新芽を覆ってしまいます。手で取るのは簡単。でもちょっと待ってみます。

やがてヒラタアブやテントウムシがやってきて、その幼虫たちが食べてくれます。

そのテントウムシやアブをバラにすみついたカエルが食べ、アブラムシが足りなくなるほどテントウムシたちがふえるのを防ぎます。もちろんカエルは「益虫」であるテントウムシだけではなく、バラの「害虫」のチュウレンジバチの幼虫などのイモムシも食料にしています。「誰が悪者で誰が味方」というものではないのです。

毎年つるバラの奥に巣をつくるアシナガバチは、バラにつくイモムシ類をとっては幼虫の餌にします。私が大好きなアゲハの幼虫だって区別はしません。でもそれもしかたないこと。人間の勝手で、食べていい虫、悪い虫なんて決められないのですから。

春に孵化し、小さいときからアブラムシやイモムシたちを食べてくれる庭の守り神のカマキリだって、「益虫」を食べることがあります。そのカマキリの卵は鳥たちにとっては栄

アブラムシ

ヒラタアブの幼虫

テントウムシの幼虫

バラにすみついているカエル

アシナガバチ

卵から孵ったカマキリ

いろいろな鳥たちもやって来るようになった
❶バードフィーダーで餌をつつくメジロ　❷ツグミ　❸隣家の梅の枝にとまるヒヨドリ　❹ピーナッツリースにやって来たヤマガラ

養たっぷりのご馳走で、こっそり枝に産みつけられているのを見つけられ、冬の間に食べられてしまったことも多々ありました。

愛らしい姿とさえずりで楽しませてくれ、そして「害虫」を食べてくれる鳥たちだって、なんの区別もせずに当たり前に「益虫」も食べるのです。鳥にとっては、子育てが一番大切。だから餌にする虫の種類なんて考えてもいません。ヒナが待つ巣箱に親鳥が運ぶ虫を見て嬉しかったりがっかりしたり……。勝手なものです。

その折々で喜びまた落胆しながらも、できるだけ手を出さずに観察をして、いつしか庭にすむ生き物たちに自然のサイクルがめぐっていることを感じるのです。

野鳥を庭の常連に

最初はバードフィーダーに餌を置き、ブドウのツルや木の枝にピーナッツリースを吊るして鳥を誘致しました。用心深い鳥たちはなかなか近寄ってきません。1、2カ月もたってあきらめかけたころ、シジュウカラがピーナッツリースにしがみついているのを見つけました。

それからは鳥同士の口コミでしょうか、あっという間に鳥たちが集まるようになり、冬の餌が少ない時期には1週間ほどでピーナッツは空っぽになってしまうほどで、毎週末のようにリースづくりに追われました。

野生の鳥を甘やかしてはいけない、そういわれることもありますが、ただでさえ都市化して自然の餌の少ない時代、ましてや冬の時期、栄養たっぷりの木の実がどれだけの鳥たちを助けるかと思うとやめられません。

傷みかけた果物やパンくずも庭に置き、スズメやシジュウカラ、キジバトやヒヨドリ、メジロ、そしてヤマガラも庭の常連になりました。

季節によってはジョウビタキやツグミも小さなこの庭を目当てに訪れます。懐かしいさえずりを聴くと季節を感じます。また来年も元気でやってきてくれるように、と願います。

一年中やって来るのがスズメとシジュウカラです。彼らは確実に庭の虫たちを食べてくれています。だから春から秋にかけての給餌は控えめに。それでも大丈夫、常連になった彼らは自分の家のように遊びに来てくれます。

この庭で一番嬉しい出来事はシジュウカラが子育てをしてヒナたちが巣立つことです。

巣箱を掛けて3年ほどした初夏、初めての夫婦がここを子育ての場所に決めてくれました。出たり入ったりしている親鳥の動きが慌ただしくなると、ヒナたちが孵《かえ》ったことがわか

シジュウカラの子育て
❶小さいハムシを運ぶ親鳥。ヒナの成長にともなってだんだん運ぶ虫が大きくなってくる
❷父鳥が母鳥に虫を渡している。さらにこのあと母鳥が巣箱に餌を運んだ
❸❹❺どんどん虫が大きくなっていくのがわかる
❻ヒナが顔を出しはじめる
❼巣立ち直前のヒナ
❽ヒナが巣箱から出た
❾庭に落ちたヒナ。だが、すぐに飛びたった
❿巣立ったヒナたちと親

ります。せっせと虫をくわえては運び、巣箱からヒナの糞を出しては捨てに行きます。

ヒナたちが育ち、声が大きく聞こえるようになってくると親鳥たちは大忙しで虫を運びます。人間が見ていようと気にしません。ヒナの食欲の前にはそんなことはかまっていられないのです。

この季節、庭のバラから「害虫」たちは一掃されます。

かわいい声が大きくなり羽ばたきの練習の音が聞こえ、やがて小さい頭が巣箱の穴からのぞきます。

無事に巣立ちますように……と祈っている間に、すぐにヒナたちはたどたどしい飛び方のまま、巣箱の外へと旅立つのです。

この庭が故郷になった瞬間です。

自分も自然のサイクルにかかわれたような深い思いで胸がいっぱいになります。

生き物たちとかかわってこそバラは美しい

初めのころは、どれも好きで選んだバラたちなので、ただ花を見て匂いをかぐだけで幸せでした。やがてそこに来る虫や鳥を観察することが楽しくなりました。

蕊《しべ》にもぐりこんだ花粉まみれのハナアブのかわいいこと。

柔らかい葉を選んでは丸く切り取って幼虫のベッドのために運ぶハキリバチの芸術的な仕事。

一枚一枚葉の裏を確かめながらイモムシを探すアシナガバチの真剣なこと。

バラの蕾に産みつけられたクサカゲロウの卵の繊細さ。

アブラムシを探して歩きまわる、意外にも素早いテントウムシの幼虫の動き。

オトシブミが、一枚の葉をくるくると巻きながら小さいゆりかごをつくってしまうところを、最後まで見てしまったこともありました。

蕾に顔をつっこんでうっとりとお食事中のヨトウムシや、細い花首を狙っているゾウムシの現行犯には退去してもらいますが、いずれにしても見事な仕事をしているものです。

鳥たちは、そんな虫を目ざとく見つけてヒナの餌にしたり、秋や冬には赤く実ったバラの実をついばんだりしています。

こうして眺めているだけで、バラを中心にこんなにも多くの生き物に出会うことができ、バラもこんな訪問を喜んで生き生きとしているように見えます。オーガニックで育てられたバラはそんな自然の中で美しく生きています。

庭をつくりはじめて11年がたち、その風景は落ち着いてきたように見えます。

ペネロペ（ハイブリッド・ムスク）の花びらの陰で獲物を待つササグモ

作業中のハキリバチ

クサカゲロウの卵（優曇華の花）

バラの蕾を食べている最中のヨトウムシ

ちょうどいい葉を物色するオトシブミ

できあがったオトシブミの巣

ゾウムシの仲間の横顔

オーガニックなバラ庭にはほんとうにたくさんの種類の生き物たちがすんでいる。
虫や鳥たちを見ていると、時のたつのを忘れてしまう

実生の野バラ。鳥の糞から発芽した

メルヘンランド（シュラブ）

ドロシー・パーキンス（ランブラー）

アルベリック・バルビエ（ランブラー）

最初のころのように、ただ好きだから、そこに植えたいから、ではなく、その花の性質を知り、性質に合った場所に植え、もしくは植えるのをあきらめ、それぞれの生き物が助け合いながらできてきた庭です。

バラだけでなく、引き立て合う宿根草や一年草、木陰をつくり葉を落としては土を豊かにする樹木、それらを育む微生物たっぷりの土壌、すんでいる虫、訪れる鳥、そんなものがバランスよくかみ合うようになりました。

この庭では、ひとつだけ虫に食われすぎてしまったり、ひとつだけ病気になってしまったり、というものはありません。

私がしているのは、観察、土づくり、そして最低限の手入れだけ。それでもこんなに緑は多くなり、バラだって咲いてくれるようになりました。

日当たりのいい庭に比べると、花数は少なく地味なものが多いのですが、それがこの庭の持ち味です。濃い緑の中に咲く淡い色の重ねの薄いバラや、短い時間の日差しの中でうつむいて咲くたおやかなバラを愛し、日陰の葉たちがつくるしっとりとした空気を愛しています。朝夕に静かな庭を歩いて初めての花や虫を見つけたとき、訪れた小鳥たちをリビングから眺めるとき、幸せを感じます。

このような庭で、いくつかのおすすめのバラの品種をあげるとしたら、まずはキモッコウバラでしょうか（→56ページ）。何しろ病気にも虫にも強く、旺盛に伸びる枝にはとげはなく、春一番に咲くカスタードクリームのような花は、ガーランドのように庭を飾ってくれます。植えてよかったバラです。

そして野バラ。これは植えたのではなく、鳥の落とし物（糞）から発芽したものです。一重の白い花は、日陰にもバラを、の夢をかなえてくれました。秋には小さい赤い実が鈴なりになり、それは鳥の餌になったり、リースの材料になったりします。

それからわが庭でも元気なバラは、メルヘンランドやドロシー・パーキンス、アルベリック・バルビエなどです。

見渡してみると、日陰には白いものや黄色いもの、淡い色のものが多いようです。一番日当たりがいい東の庭では、あざやかなピンクのつるバラが通る人を見下ろすようにふっさりと咲いています。

Column　オーガニック・ローズの愉しみ

虫や鳥ばかりでなく、人間も時々バラを味わいます。

いつもは散るまでそのままにしておくのですが、大雨や台風の予報を聞いたら、香りが薄れる前の盛りのバラを思いきって摘んで、花びら酒やジャムをつくったり、乾燥させて紅茶に入れたりします。

お酢に漬けこんだら花の色が美しく出て、それでつくったドレッシングは大好評でした。

床下にはバラの花びら酒やバラの実酒が香り高く熟成されて眠っています。

今はもうなくなってしまったバラのものもあります。それを香りや色を楽しみながら大切に少しずつ飲むとき、愛する自分のバラにもう一度出会います。

	6月	7月	8月	9月	10月	11月
	初旬、満開。 下旬、二番花が咲きはじめる。	まだ咲いているものもあるが、しだいに暑さで休眠状態に入る。	葉が茂っている。	葉が茂っている。	秋バラの蕾が見えはじめる。 下旬から秋バラの開花。	秋バラの開花。
				秋バラのために、剪定するものは軽く剪定。		
	 ヒラタアブの蛹					
	シジュウカラが巣箱で子育てをする。巣立つ。親子で庭に来る。 アシナガバチ、カマキリ、カエルなどがイモムシなどを食べる。 ハチやアブやチョウが遊びに来る。	巣立ったあとの巣箱を掃除する。 野鳥たち日参。 アシナガバチ、カマキリ、カエルたち活躍中。 バラの根元にカミキリムシが入っていないか注意。	野鳥たち日参。 カマキリが成虫になり、大きな虫も取るようになる。 カミキリムシ注意。	野鳥たち日参。 カマキリ、アシナガバチ、カエル活躍中。	野鳥たち日参。 カマキリ産卵。	野鳥たち日参。 冬鳥もやってくる。 カエルが冬眠に入る。 ピーナッツリースをつくる。
		生ごみ堆肥を土に混ぜて熟成させる。 →P.65				
	米ぬかを庭全体にうっすらとまく。	 庭の土		米ぬかを庭全体にうっすらとまく。		

Organic Rose Calendar

オーガニックカレンダー／神吉晃子

	12月	1月	2月	3月	4月	5月
庭のバラの様子	まだ開花しているイングリッシュローズあり。	つるバラや野バラにはまだ実があり。	新芽が見えるようになる。	芽が少しずつ膨らみ、葉が開くものもある。	葉が展開。 蕾が見えはじめる。	初旬にキモッコウバラ開花・満開。 下旬から一番花が咲きはじめる。
バラの世話	まだついている葉を取り去る。 実はそのまま。	鉢バラの植え替え。 実を切り取る。 整枝・剪定。	つるバラの誘引。			花がらを摘んだり、花びらを取ったりする。
病気のこと					うどんこ病が出たものには「米ぬかすりすり」する。 →P.51	
虫・鳥のこと	カマキリの卵を見つけたら保護。 餌台を置く。 ピーナッツリースをかける。 シジュウカラ、ヤマガラ、ジョウビタキ、メジロなどが来る。	餌台に餌を置く。 ピーナッツリースをかける。 シジュウカラ、ヤマガラが来る。 シジュウカラが巣箱の下見に来る。 越冬中のテントウムシを見かける。	餌を置く。 ピーナッツリースをかける。 野鳥たちが相変わらず来る。	バラの新芽にアブラムシを見つける。 アシナガバチが巣をつくりはじめる。 野鳥たちが相変わらず来る。  テントウムシの産卵	アブラムシ増える。 ヒラタアブが産卵。 テントウムシが産卵。 アシナガバチの巣が大きくなり、幼虫が孵る。 ゾウムシ疑似天敵作戦。→P.23 野鳥たちが来る。 カエルが出てくる。	テントウムシやヒラタアブの幼虫や蛹を見かける。 アブラムシいなくなる。 チュウレンジバチの幼虫が孵るもいなくなる。 アシナガバチの子育て。 カマキリ孵化。 花にハチやアブたち訪れる。 野鳥たち日参。
肥料のこと		生ごみ堆肥を土に混ぜて熟成させる。 →P.65			生ごみ堆肥を、バラの根元に混ぜこむ。→P.65	
土のこと	米ぬかを庭全体にうっすらとまく。			米ぬかを庭全体にうっすらとまく。		

手動式生ごみ処理機で生ごみ堆肥

調理の際に出た野菜くずや魚の骨などは、キッチンに置いた手動式生ごみ処理機を使って処理しています。

細かく刻み、水分をよく切った生ごみを入れ、ハンドルを回してバイオチップと空気と撹拌することによって、臭いもなく効率よく分解されます。

半年に一度、中身を取り出して、庭に置いたごみ用ポリバケツの中で、使用済みの土や腐葉土と半々ほどに合わせて2週間ほどおき、熟成させて、肥料として植え替えのときや追肥に使います。

家庭から出るごみを減らせるだけではなく、少しの有機物もむだにせず庭に還せるのが嬉しいところです。

野菜や果樹と一緒に楽しむバラの庭

中村敦子
なかむら・あつこ
（埼玉県）

バラ栽培歴10年。
東京生まれ。神奈川県、千葉県、ジャカルタ市にいたこともあり。趣味は庭仕事のほかには、読書と写真を撮ること。生き物をそばで眺めるのが好き。庭にいる生き物たちに、庭の一員として認めてもらうべく日々を過ごしている。

初めに畑ありき、果樹ありき

元農家に嫁に来た。庭には畑といろいろな木があった。ミカン、キンカン、夏ミカン、カキ、ビワ、スモモ、ウメなどのたくさんの果樹。サクラやハナミズキ、コブシなどの花木。針葉樹の類やケヤキ、サンゴジュ。そのあいたところで花好きの義母がいろいろな宿根草や一年草を育てていた。

義母と共通の話題が欲しかった私は庭仕事に手を出した。それが始まり。そしてプルーン、アンズ、

●所在地／埼玉県三郷市　●庭の面積／約200坪　●日当たり／南側と東側は日当たり風通しともに良好。西側は家と塀に挟まれ風通し日当たりは今ひとつ。北側は大きな木が数本あり日当たりはあまりよくない。　●地植え・鉢植え／200〜300本くらい。そのうち鉢植えは2割ほど。自然に生えてきた野バラや種まきして出てきたバラもあるので正確に何本あるかは不明

ラズベリー、ブルーベリー、レモン、デコポンと、果樹もしだいにふえていった。

わが家の庭は広さが200坪ほど。家のまわりをぐるっと取り囲んでいる。家の南側と東側は日当たりもよく風通しもよいが、西側は家と塀に挟まれた場所で日照時間はやや少ない。そして北側の庭は大きな木々が生えており、一部の土に病気が発生しているので植える植物を選ばなければならない。

そしてバラも植えてみたけれど

ある日、次男が言った。「バラがたくさんある庭っていいよね」

これが私のバラ育てのきっかけだった。最初に買ったバラは薄紫のハイブリッド・ティー。それから近所のホームセンターでいろいろなバラを買った。四季咲きのハイブリッド・ティーにフロリバンダ、ミニバラ。栽培書を買った。そして本に書いてあるように黒点病に、うどんこ病に、ハダニに、薬をまいた。何回まいてもおさまらなかった。そのうちなんだか息がつまっていやになってきた。こんな育て方でいいんだろうかとちょっと悲しくなった。

アーチのモーティマー・サックラー（シュラブ）とベル・ド・クレシ（ガリカ）

テントウムシがやってきてアブラムシを食べてくれる

楽しくやろうよバラ栽培……「ま、いっか」

そんなときに無農薬栽培でバラを育てられるという本(『バラの園を夢見て』梶みゆき著、婦人生活社)に出会った。木酢液や生薬を使って。ちょっとくらい病気が出ても、虫がついてもいいじゃないの……という。ああ、そうか、いいんだなあ……と思ったら気持ちが軽くなって楽しくなってきた。

子どものころからの虫好き、生き物好き。できる限り小さな生き物たちと共存したいという気持ち。そんなことができるのなら是非ともやってみようと、化学農薬を使うのをやめた。病気も出たし、虫もついた。「ま、いっか」

庭仕事を楽しむにはこれが大事だと感じる。ああでなくちゃいけない、こうしなくちゃいけないと窮屈に考えると楽しくない。

実生から育ったバラ。ハナミズキの木の下に生えてきたのでそのまま木にからませて

バラを食べる虫は手で取る。完全には取りきれない。でも鳥やカナヘビ、ハチ、クモ、テントウムシなどが手伝ってくれる。

すべての蕾を咲かせることはできないが「ま、いっか」。そしてたどりついたのが一季咲きのバラ。春だけきれいに咲いてくれたらいいと思うとほんとうに気軽にバラを育てていられるということに気がついた。もちろん四季咲きのバラも植わっているけれど、1年に4回咲かなくても気にしない。

「ま、いっか」

庭に生える草も完全に除草してしまうのは無理だし、もったいない。花の少ない早春に花を見せてくれるホトケノザやオオイヌノフグリやタンポポも、ネコジャラシも大好き。ヘビイチゴは黄色い花や真っ赤な実がかわいい庭の下草。「草ぼうぼう」と言われることもあるけれど。「ま、いっか」

ホトケノザはうどんこ病が出そうになったら、タンポポは種が飛びそうになったら抜いてしまうし、ネコジャラシも種が落ちそうになったら抜きはじめるが、よくスズメが大騒ぎして種を食べているのを見かける。だからきっとそんなに大繁殖はしないんじゃないだろうか。

田舎のばあちゃんの庭には
バラも咲いてます

畑にも農薬はまかないし、果樹にもまずまかない。果樹には毛虫がつくので、早期発見で、できる限り高枝切りバサミで枝ごと切り取る。発見が遅れて大発生してしまったときだけ局所的に殺虫剤をまく。実がなっているときが毛虫発生の時期でないのがありがたい。

日々観察していれば果樹に農薬は使わなくても大丈夫。特にブルーベリーとキイチゴは手がかからない。

ハナミズキの木の下に、プルーンの木の下に、カキの木の下に、バラが植わっている、枝がからんでいる。そんな眺めがとても好きだ。アサツキの向こうでバラが咲いてるなんていうのも結構いける。ネギの仲間は土をきれいにするらしい。ニラも庭や畑のあちこちに生えている。収穫したニンニクやトウガラシは食べるほかに、ニンニクは竹酢液に、トウガラシは焼酎に漬けてバラにまくのにも使う。

夏はバラの世話をしながらちょっとミニトマトをもいで口

ネコジャラシも庭の一員。種が落ちそうになったら抜いている

バラの下草のヘビイチゴ。真っ赤な実がかわいい

畑のわきのカキの木の下の野バラ

に放りこんだりする。花も楽しめる。どの野菜もその花のきれいなことといったら、驚くほどだ。

収穫した果実でジャムをつくる。ブルーベリー、アンズ、ラズベリー、夏ミカン。子どものころ母がつくってくれたのを思い出しながら。時には母に電話でつくり方を聞いたりしながら。果実と砂糖だけでつくる。

バラを通じて知り合った友人に教わって、キイチゴでシャーベットもつくれるようになった（→73ページ）。

バラや梅、ブラックベリーで果実酒もつくる。

たくさん取れた完熟のミニトマトは冷凍保存しておくとハヤシライスをつくるときに大活躍する。

バラとアサツキ。濃いピンク色の丸い花がアサツキ

ニンジンの花。野菜の花はどれもとても美しい

畑があって果樹があって、そしてバラもあって、「田舎のばあちゃんの庭にはバラも咲いてます」がうちの庭。

庭にまいているもの

何もまかずにバラを育てることもできそうだが、私は「まく」ことが好き。そこでニームオイル、竹酢液、トウガラシエキス（焼酎に庭で収穫したトウガラシを漬けこんだもの）、キトサンなどをまいている。竹酢液には1リットルにだいたいひとつかみ分のショウガやニンニクを3カ月以上漬けこんである。

畑には庭のケヤキの葉でつくった腐葉土を、バラにはわら堆肥や園芸店で購入した馬糞堆肥を使っている。地植えが多いので肥料は適当に、あまりこだわりはない。時々庭にはカニ殻（市販の細かく砕いてあるもの）や米のとぎ汁、とぎ汁にヨーグルトの残りを溶かしたものなどをまいている（→75ページ）。

病気や虫を退治しようというものではなくて、バラを元気に育てるための「まくもの」だ。いつまくのか、どのくらいまくのかは、じつのところ気分しだい。それでバラは元気なのかというと、多分元気だ……と思う……そのくらいで十分だ。

私のお気に入りのバラたち

手のかからないおすすめのバラとしては、なんといっても一季咲きのバラや原種のバラ。

ガリカのベル・ド・クレシはアーチの支柱部分にからめて、

❶テレーズ・ビゥニェ（ハイブリッド・ルゴーサ）。枝にとげがほとんどなく、細目の葉は秋には美しく紅葉する　❷マーチン・フロビシャー（ハイブリッド・ルゴーサ）。小ぶりの花がかわいらしい　❸スヴニール・ドゥ・フィルモンコシェ（ハイブリッド・ルゴーサ）。ほっそりとした蕾から開く花弁たっぷりの花が美しい　❹ワイルド・エドリック（イングリッシュローズ）。繰り返し咲き性がよく、香りもよい

ヒポリテやデュシェス・ドゥ・モンテベロは庭木にひっかけて伸びたいようにさせている。

　庭に生えてきた野バラもじゃまにならない限りは放置していると、白いかわいい花をたくさん咲かせてくれて、秋には真っ赤なかわいい実を目当てに野鳥が訪れる。

　ハマナスの交配種であるハイブリッド・ルゴーサもおすすめだ。全般的に強健で手がかからない。

　ルゴーサ特有のとげは苦手という人におすすめなのがテレーズ・ビュニェやマーチン・フロビシャー。これがルゴーサなの？と驚くこと請け合い。もちろん鉢でも栽培できる。

　とげが好きな人ならスヴニール・ドゥ・フィルモンコシェやイングリッシュローズのワイルド・エドリックもいいだろう。


　春の気配が感じられる3月になると庭に出る時間がしだいに長くなる。草むしりをしたり、花を眺めたり、支柱立てをして風に備えたり。

　5月が近づくにつれ庭滞在時間はさらに長くなり、暇さえあれば朝から夕方まで、食事のとき以外は庭にいることもある。しかし、寒いのは苦手なので、寒くなるとちょっとしか出ない。家の中でバラの本を眺めたり、翌春からのことを思って脳内ガーデニングにいそしむのだ。

庭にやってきたキジバト。こんな風景に誘われて、ついつい庭に出てしまう

Column　オーガニックなバラ庭の果物レシピ

果物のレシピは、基本的に収穫したものをよく洗って、好みの量の砂糖と一緒に煮たり漬けこんだりするだけ。ちょっとひと手間かけるのはマーマレードくらい。

1年で一番初めにつくる夏ミカンのマーマレード

❶収穫してきた夏ミカンの皮をむき、中味はひとまず冷蔵庫へ。
❷皮を千切りにして、時々水を替えながら一晩ほど水にさらす。
❸中味をうす皮から取りだす（ちょっと面倒だけど、ここはひと手間）。
❹水につけてあった皮と中味と砂糖を火にかけて煮る（砂糖の量はお好みで）。
❺好みのとろみ加減まで煮つめる。

酸味がたまらないキイチゴのシャーベット

❶収穫したキイチゴをそっと洗う。
❷キイチゴをミキサーにかけてピューレ状にする。
❸シロップ（砂糖を同量の水で煮溶かしたもの）を❷に混ぜ、冷凍庫で凍らせる。
❹八分どおり凍ったら、空気を含ませるようにかき混ぜ、冷凍庫に戻す。
❺これを2～3回繰り返して、きめ細かく凍らせる。

梅シロップで夏も元気！

❶収穫した梅をよく洗い一晩冷凍庫に入れる。
❷冷凍庫から出した梅と、梅と同量くらいの砂糖を、密閉容器に入れる。
❸2週間ほど冷蔵庫の野菜室に入れておき、時々容器をゆすって砂糖が溶けるのを助ける。
❹砂糖がほぼ溶けたら一度鍋で煮たて、冷ましてから冷蔵庫で保存する。
❺炭酸や冷水で割って飲む。

	6月	7月	8月	9月	10月	11月
	遅咲きのバラが開花。					
	ニームオイルと竹酢液、トウガラシエキス、キトサン液を混ぜて散布。花が終わってきたら1週間〜10日に1回まく。→P.74 花がら摘み。一季咲きのバラを剪定する。	鉢バラの水切れに注意。		暑くない日にニームオイルと竹酢液、トウガラシエキス、キトサン液を混ぜて散布。1週間〜10日に1回。→P.74	ニームオイルと竹酢液、トウガラシエキス、キトサン液を混ぜて散布。1週間〜10日に1回。→P.74	鉢バラの土替え。
	にならない程度しか出ない品種もあるし、たくさん出る品種もある ない。					
	手で取る。おもにチュウレンジバチとヨトウムシ、イラガの幼虫。					
	花後に市販の有機肥料。鉢ものには市販の有機発酵肥料、地植えには園芸店で有機肥料と書いてあるものを買って。					
		盛夏はまかない。		米のとぎ汁＆ヨーグルト液散布。1週間〜1カ月に1回。→P.75		

庭仕事の道具

トマトの花

ニームオイルの使い方

ニームオイルは、ニーム（インドセンダン）の実の油をしぼったもので、草食虫だけに作用し、脱皮を阻害したり、食欲を減退させたりする作用がある、環境や体に優しい植物保護剤であり活力剤である。

○使い方：規定の倍率に希釈して、竹酢液500〜1000倍、キトサン液1000倍、トウガラシエキス500〜1000倍を一緒に混ぜて噴霧器で散布する。

朝早く、まだ日差しが強くならないうちにまく。強い日差しは葉に薬害（黒い斑点が出たり、葉が縮れたり）を出させることもあると聞いているので、日差しが弱いときにまいて、日が高くなる前には乾いてしまうようにしている。

Organic Rose Calendar

オーガニックカレンダー／中村敦子

	12月	1月	2月	3月	4月	5月
庭のバラの様子					後半から早咲きのバラ開花。	花の最盛期。
バラの世話	つるバラの誘引。	冬剪定。		ニームオイルと竹酢液、トウガラシエキス、キトサン液を混ぜて散布。あまり作業がない月なので月末に2回ほどまく。→P.74	ニームオイルと竹酢液、トウガラシエキス、キトサン液を混ぜて散布。1週間～10日に1回。→P.74 芽かき。 新芽に「米ぬか花咲か爺さんまき」→P.21	花が咲くまで週1回、ニームオイルと竹酢液、トウガラシエキス、キトサン液を混ぜて散布。→P.74 花がら摘み。
病気のこと						黒点病が出る。気が、出ても気にし
虫のこと						バラを食べる虫は
肥料のこと			草木灰、市販の有機肥料。鉢ものには市販の有機発酵肥料、地植えには園芸店で有機肥料と書いてあるものを買って。			
土のこと	米のとぎ汁＆ヨーグルト液散布。１週間～１カ月に１回。→P.75					
		馬糞堆肥、米ぬかを土に混ぜる。土にまいたあと、カマの先で軽く耕す感じ。→P.71		馬糞堆肥、米ぬかを土に混ぜる。土にまいたあと、カマの先で軽く耕す感じ。→P.71		

庭の土

アンズの実

米のとぎ汁＆ヨーグルト散布液

　よい菌が庭にふえるといいなと思い、ヨーグルトの残りと米のとぎ汁を混ぜたものを１週間～１カ月に一度くらい庭にまいている。

◯つくり方：米のとぎ汁とヨーグルトパックを洗ったときの水を、ペットボトルなどに入れて混ぜ、２～３日置いておく。

◯まき方：５倍くらいに希釈して、ジョウロや柄杓《ひしゃく》などで、ざあっと葉や地面にまく。

１回にまく量はバケツ１～２杯くらいで、毎回場所を変えてまく。

おもに早朝にまく。菌には強すぎる日差しはよくないと思い、炎天下や夏にはまかない。

樹木の庭でバラ栽培も自然のままに

大石　忍
おおいし・しのぶ
（神奈川県）

ガーデニング歴20年、バラ栽培歴12年。
東京生まれ。その後、千葉（7年）、新潟（9年）で育つ。趣味は映画館での映画鑑賞、ライブ、芝居を見ること、美術館博物館めぐり、自然の中や町をぶらぶら歩くこと。活字を読むこと。あふれる緑の中で、犬1匹と猫20匹に囲まれる毎日を送る主婦。

樹木のおかげで庭が里山に

奥行きが間口の2倍という東西に細長い土地（60坪）にある庭です。南側に大きな家が建ち、庭に常緑樹のヤマモモ、キンモクセイ、落葉樹のスモモ、ザクロ、ムクゲ、さらに低木類などが20本以上。一日中、日の当たる場所は1カ所もないという日陰の庭です。

バラは東側の道路に面した部分と、西側の畑に面した部分で育てています。東側の庭は道路に面しており午前中の日が当たりますが、すぐそばに大きなヤマモモの木が3本、真上から日が当たることはありません。西側の庭は一番日が長いときで9時すぎから3時ごろまで当たります。しかし、南側に建つ隣家が

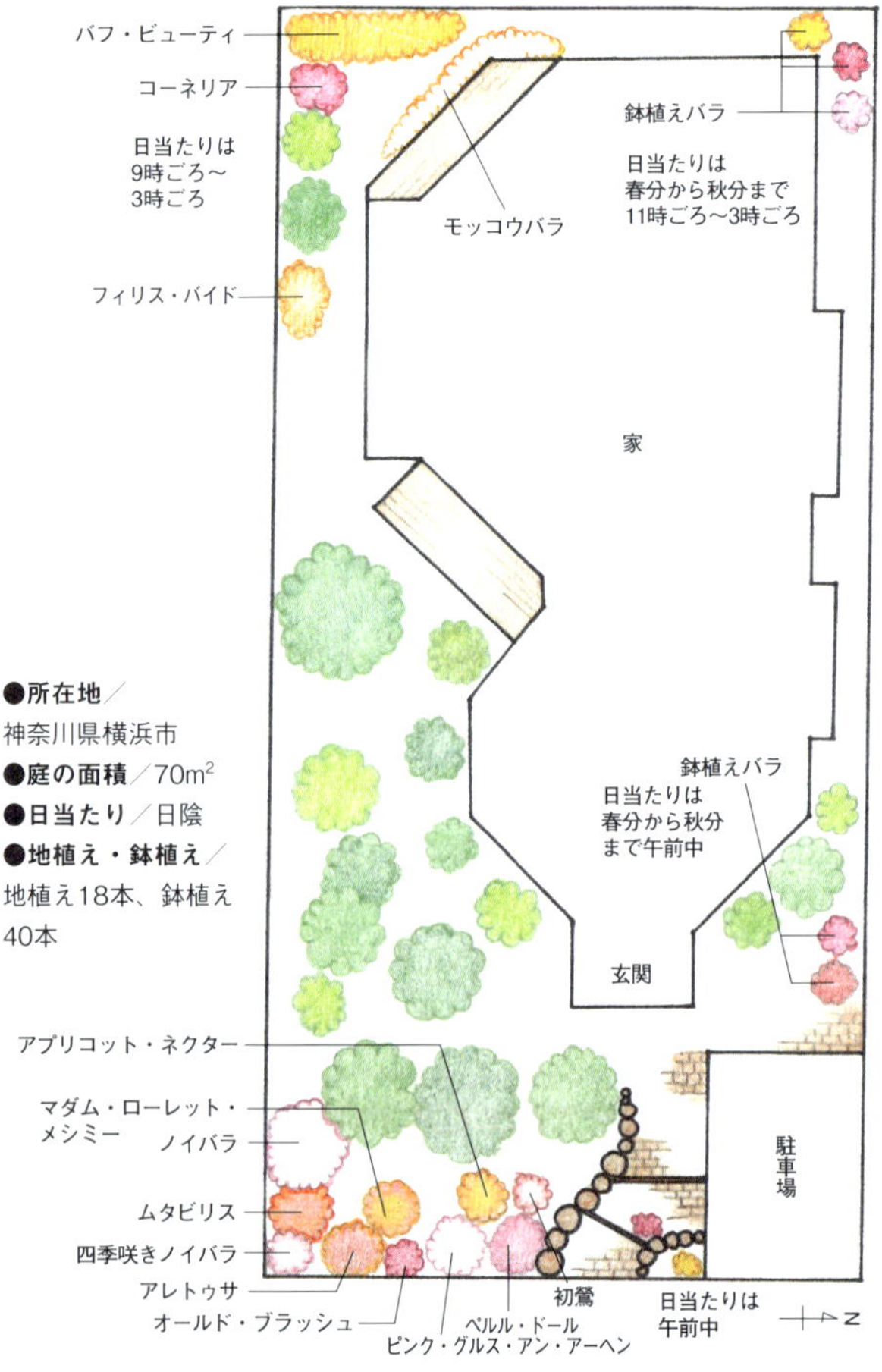

●**所在地**／神奈川県横浜市
●**庭の面積**／70m²
●**日当たり**／日陰
●**地植え・鉢植え**／地植え18本、鉢植え40本

目の前に迫っているのと、樹木のせいで地面近くに直射日光はほとんど当たりません。

でも、樹木がたくさんあるおかげで、まるで里山のように土の上には常にヤマモモの落ち葉がつもって、土はふかふかです。団粒化し、ミミズがたくさんいます。花がらも雑草も落ち葉の上に置いておくと、いつの間にか消え、ヤマモモの落ち葉の下をのぞくと、落ち葉が朽ちかけていて白い菌糸も見えます。私の庭ではまさに有機物マルチによる土づくり（↓122ページ）が、自然の状態で行なわれていました。

バラをどこに植えたらよいのか

樹木がたくさんある庭で一番問題になるのは「日当たり」です。わが家の庭は東西に細長いので、場所によって日当たりの条件が極端に違います。「南＝日当たり」と思いこんでいたのですが、わが家は南側に家があり、さらに常緑樹が何本もあり、いったいどこなら日が当たるのか、それを把握するまでが大

上：花がらを落ち葉の上に置いておくといつの間にか消える。落ち葉の下には白い菌糸が見える
下：樹にからまるノイバラ（野生種）が咲く東の庭。このあと四季咲きのバラが咲く。バラの足元にはハーブやゲラニウム、ヒューケラなど

春〜秋に５時間ほど日が当たる西側の庭。黄色のバフ・ビューティ（ハイブリッド・ムスク）、薄いピンクのコーネリア（ハイブリッド・ムスク）、クレマチスの白万重の競演

変でした。

初めはほとんどのバラを鉢で育てていたので、ここなら日が当たると思うところに鉢を置いて観察しました。日当たりは季節、一日の間でも刻々と変わりますし、高さでも変わります。人間の目の高さでは日が当たっていても、バラには当たっていないこともしばしば。また鉢を置く位置が30センチ違うだけで、生育にも違いが出ました。こうしてどこならバラが育ちそうなのかを把握していきました。

そこにたどりつくまでには、とてもたくさんのバラを枯らしました。日陰に強いバラ、耐病性のあるバラがあることも知らず、気に入ったバラを次々と手に入れたからです。その結果、私が初心者だったこともあるのですが、残念なことにたくさんのバラたちが土に還っていきました。

日陰の庭のメリット・デメリット

なんといっても花つきが悪い。日陰の庭でバラを育てるデメリットは、これにつきます。

ですが、日陰のほうが花色がよいものもあります。特に濃い色、紫系は発色が大変きれいです。花数は少ないのですが、多少、花もちがよいように思います。

それから、これは日陰とは直接関係ないのですが、私は、葉、萼、蕾など細かいところを観察するのがとても楽しいのです。わが家の庭の場合、狭いところで植物を育てているので、必然的に近くで観察することになるからかもしれません。
また、花数が少ないので、一つひとつの蕾がいとおしくなり、蕾が開いていく様子を見ているだけで喜びもひとしおです。

私のバラ栽培

もともとパンジーやチューリップ、宿根草などを育てているころから、化学農薬類は使ったことがありません。虫が好きなのと、元来がずぼらな性格なので、几帳面に薬をまくことができないのです。薬の保管にも自信がありませんでした。さらに犬と猫を飼っているので、その点でも薬をまこうと思ったことはありませんでした。

バラ栽培は、オーガニックで育てられるということを知ってから始めました。

初めは木酢液や生薬由来の薬をまいていましたが、気がつくと1カ月に1回が2カ月に1回になり……そのうち前回まいたのはいつなのかわからなくなるほどに間があいてしまいました。その時に「これならまかなくても同じではないか」と思ったのです。

実際、バラの生育にはさほど違いがないように思いました。現在はまったく何もまいていません。うどんこ病が出たときに（めったに出ませんが）、米ぬかで葉をこする「米ぬかすりすり」（→51ページ）を行なうだけです。

ロサ・カニーナ（野生種）。日陰の庭では、花びらの枚数が少ないほうが咲きやすいようだ

グルス・アン・テプリッツ（チャイナ）。濃い色は日陰のほうが発色がよい

ロサ・マレッティ（野生種）の蕾。一つひとつの蕾がいとおしい

生ごみを土に還す

地植えのものには肥料は与えていません。

草花栽培をしているころから、「施肥をする」という習慣があまりないのです。

バラ栽培を始めたころは、きちんと施肥をしようと試みましたがすぐに挫折。それでもバラはそれなりに咲いているのです。

肥料のかわりといってはなんですが、生ごみを土に直接埋めて、土に還しています。

やり方は生ごみ（基本的に野菜くず。動物性のもの、調理ずみの残飯などは避けたほうが無難）を土に埋めるだけです。庭全体にこの作業を繰り返していたら、土がふかふかになりました。

なお、鉢植えのものには月に1回、市販の有機肥料を与えています。

オーガニックなバラ庭には、生き物たちがあふれている。上はテントウムシ、下はハナグモ。こんな虫たちを眺めるのも楽しみのひとつだ

Column 生ごみを土に還す／土の上に置く

ミカンの皮は分解がとても遅いので土に埋めません。これは食べ終わったあと、ハサミなどで細く切って庭に直接まきます。一カ所に固まらないようにぱらぱらとまきます。

そのほか、茶がら、コーヒーかすなども直接地面にまいてしまいます。

❶右上から、紅茶がら、夏ミカンの皮、茶がら、雑草、花がらを土の上に置いて放置します。

❷1週間後。上に放置したものはほとんど消えています。

❸夏ミカンの皮は少し残っていますが、そのうち土に還ります。

Column　生ごみを土に還す／土に埋める

生ごみを埋める際のポイントをいくつかあげます。

❶約1日分の生ごみです。

　野菜くずはなるべく細かく切ります。細かく切ったほうが、分解が早いからです。たとえば皮をむいたあとに、皮を千切りにしておくとあとが楽です。

　1回に埋める量はなるべく少なめにします。私は1日に1回埋めます。小さなボウル（直径12㎝）に一杯強ほどです。

　ボウルより一回り大きい穴を掘ります。

❷この日の生ごみはソラマメのさや、トマトのへた、卵の殻、バナナの皮などです。

❸生ごみを土に埋めるときに全体によく土をまぶします。土にいる菌が生ごみによく付着するようにです。うっすらと生ごみが見える程度にまぶします。

❹分解を早めるために、米ぬかを生ごみにまぶすこともあります。

❺埋めるのは浅めに、土もふんわりとかけます。深さは20㎝ほどです。1日分の生ごみを入れて、上に数㎝の土がかぶるぐらいです。

　以前、大量の生ごみを深く埋めて、しっかりと踏みつけたあと、かなりたって掘り返したら、そのまま青カビが生えて出てきました。生ごみを分解する菌は好気性なのだと思います。

❻素材にもよりますが、夏場だと2週間ぐらい、冬場では1～2カ月ぐらいで土に還ります。埋めたところを掘ってみると土が団粒化していました。

　また、植物を抜いたあとや、土が固いと思う場所は、埋める間隔を短くして数回繰り返すと土が生き返るような気がしています。

※埋めるときには、植物の根に生ごみが触れないようにします。生ごみが分解されるときの熱などで、根が傷みます。大きな樹木などはあまり気にしなくても大丈夫なようです。

※埋める場所は毎回変えます。

　特に法則はありませんが、前回埋めた生ごみが土に還ってから、次の生ごみを埋めるようにしています。

日陰のバラの剪定ポイント

長年日陰でバラを育てていて気づいたのは、「切りすぎてはいけない」ということです。

バラでは元気な枝を出すために強剪定をすることがありますが、日陰の庭でそれをすると、バラがすねてしまうように思います。芽の動きが止まってしまい成長しなくなります。そうなると回復するまでに数年かかります。

日陰の庭では剪定は少しずつ、まめにするのが大事だと考えています。

具体的には、花が終わったあとの花がら摘みではなるべく葉を残すことを心がけています。普通は花枝に5枚葉を1～2枚つけて切り取りますが、5枚葉はすべて残します。場合によっては花がらのすぐ下の3枚葉も残して、花がらのみを切り取ります。

そうするのは少しでも多く葉を残したいから。日陰では受け取れる光の量が少ないので光を受け取るための葉を少しでも残して、エネルギーをためようというわけです。

しばらくすると、5枚葉の元から新しい芽が伸びてきますので、それからその上のいらない枝を切るようにしています。芽が伸びてこないときは、芽を出すエネルギーがたまっていない、ということですからそのまま待ちます。

濃い緑の中では淡い色のバラが映える。中輪で花びらの重ねが多いピンク・グルス・アン・アーヘン（フロリバンダ）と、小輪で花びらが少なめなペルル・ドール（ポリアンサ）

また、シュートも株元から出にくいので、株の途中から出るシュートも大切にし、枝の本数を減らさないようにします。古い枝でも葉がついていればむやみやたらに切りません。

しかし、何度も切り戻して、芽も葉もほとんどないような枝は、よけいなエネルギーをそちらに使わないようにすみやかに切り取ります。

また、元気で新しい枝がたくさん出て株が枝葉で混み合ってきたときには、古い枝や重なり合っている枝を整理し、日光がまんべんなくあたるように気をつけます。

バラの様子を観察し、ご機嫌をうかがいながら剪定するようにしています。

庭にやってきたオナガの幼鳥

鉢植えへの水やり以外は、庭に出てぼうっとする毎日。
しゃがみこんで小さな芽を見つけたり、葉裏にひそむ虫を捕まえたり、シジュウカラの鳴き声に耳をすましたり。
オーガニックな庭の楽しみは、これにつきるのではないでしょうか？

ノイバラが咲くと本格的なバラシーズンの始まり

私が育てているのは、原種、チャイナ系、ハイブリッド・ムスク、ノワゼットがほとんどです。花の美しさはもちろん、枝ぶりや葉の美しさ、樹木やほかの植物にも似合うかという基準で選んでいます。

いろいろな品種を栽培した経験から、日陰の庭では、四季咲きよりも一季咲き、色が濃い花よりも薄い花、花びらが厚いよりも薄い花、花びらの枚数が多いよりも少ない花のほうが花が咲きやすいように思います。

ノイバラ（野生種）

大変に丈夫で病気になりません。葉色が柔らかく7枚葉がかわいらしいです。一季咲きなので花の季節は短いですが、大変にいい香りがして幸せな気分になります。ミツバチがたくさんやってきます。秋にはかわいらしいローズヒップも楽しめます。

ペルル・ドール（ポリアンサ）

ポリアンサですが、家では大きく育っています。とても丈夫で花つきがよく、春から秋遅くまで咲いています。花は小輪ですが、最初はきれいな巻きのティーのような咲き方、そののち菊咲きになります。花色はアプリコットですが、夏はピンクが強く出るようです。香りもよく、そばを通ると香ります。

ムタビリス（チャイナ）

チャイナですが、つるバラとしても扱えます。木陰で

ノイバラ

ノイバラ

ペルル・ドール

ムタビリス

Column 日陰の庭の私のおすすめ品種

もぽつぽつと咲きつづけます。花色がピンク〜サーモンピンク〜オレンジまで幅があり、赤みのかかった葉の色とも調和し、きれいです。

バフ・ビューティ（ハイブリッド・ムスク）

落ち着いたトーンの黄色がとても素敵なバラです。こういった色は日陰で見ると一段ときれいだと思います。日照が少なくても花つきがよく、香りもよいです。

アレトゥサ（チャイナ）

咲きはじめから開ききるまで美しい花。あっという間に開いてしまいますが、開ききったあとも美しい姿を保ちます。アプリコットの花色が木陰によく映えます。香りもいいです。

デュシェス・ドゥ・ブラバン（ティー）

ティーは日照を好むものが多いようですが、この花は日照が少なくても花つきがとてもよいです。緩いカップ咲きが大変にかわいらしく、強く香ります。

フィリス・バイド（クライミング・ポリアンサ）

咲いてから咲ききるまで花形も花色も変化する楽しいバラ。黄色からサーモンピンク、さらに白っぽく退色します。木漏れ日の中で咲いていると大変に美しいです。花もちも大変によいです。葉色が黄緑色で明るいのも気に入っています。

バフ・ビューティー

アレトゥサ

デュシェス・ドゥ・ブラバン

フィリス・バイド

	6月	7月	8月	9月	10月	11月
	ぽつぽつと咲きつづける。				秋バラ開花。	
	新しい枝、シュートの様子を見ながら、古い枝を整理。→P. 82			四季咲きバラを軽めに切り戻す（夏剪定）。		
					黒点病が少し出る（放置）。	
	カマキリ生まれる。カゲロウの幼虫現われる。ヤモリがうろうろしだす。					
	剪定枝でマルチング。			剪定枝でマルチング。		

メジロの幼鳥

クレパスキュール

Organic Rose Calendar

オーガニックカレンダー／大石　忍

	12月	1月	2月	3月	4月	5月	
庭のバラの様子	バラ、咲きつづける。		新芽が膨らむ。	新芽が展開。	蕾がつきはじめる。	一番花開花。満開に。	
バラの世話	鉢植えバラの鉢替え。バラを観察（通年）。	つるバラ誘引。	バラ剪定。→P. 82		 テントウムシの幼虫とアブラムシ	花がら摘み。→P. 82	
病気のこと				うどんこ病が発生したら「米ぬかすりすり」。→P.51			
虫・鳥のこと	小鳥のためのレストラン、開店。（12月～２月）	 カキを食べるメジロ		シジュウカラ巣づくり開始。	シジュウカラ子育て。ゾウムシ発生。アブラムシ、どんどん増える。エカキムシ、葉裏のイモムシ出てくる。	シジュウカラ巣立ち。テントウムシ、大発生。	
肥料のこと	地植えのバラには年間を通して施肥しない。			鉢植えバラに月に１回、市販の有機固形肥料（３月～11月）。			
土のこと	生ごみを埋める（通年）。→P.80、81						
	落ち葉、雑草、花がら、剪定枝、葉でマルチング。						

生ごみ発酵肥料で健やかに育てるオールドローズの庭

片寄敬子 かたより・たかこ （茨城県）

無農薬でバラを育てて15年。小さいときから植物や虫を見ているのが好き。趣味は、ニードルポイントレースやボビンレースなどの手仕事と旅行。食べることとお料理も好き。

スギナだらけの庭から

今から18年前、自分の庭をもてるようになりました。初めてその場所を訪れたとき、一面の芝生を見て、なんてきれいなんだろう！と思ったのですが、よーく見てみると、芝生に見えたのはなんとスギナだったのです。

それからは、スコップで、地中深く入りこんだスギナの根っこを掘る毎日でした。やせた酸性の土にスギナは生えると聞き、石灰をまいたり、毎日出る生ごみを土と混ぜて毎回違う場所に埋めていきました。

1年ほどするとスギナはいつの間にか消え、明らかに土が変わった、という実感がありました。今思えば、知らないうちに有機物マルチによる土づくり（↓122ページ）らしきものをしていたようです。

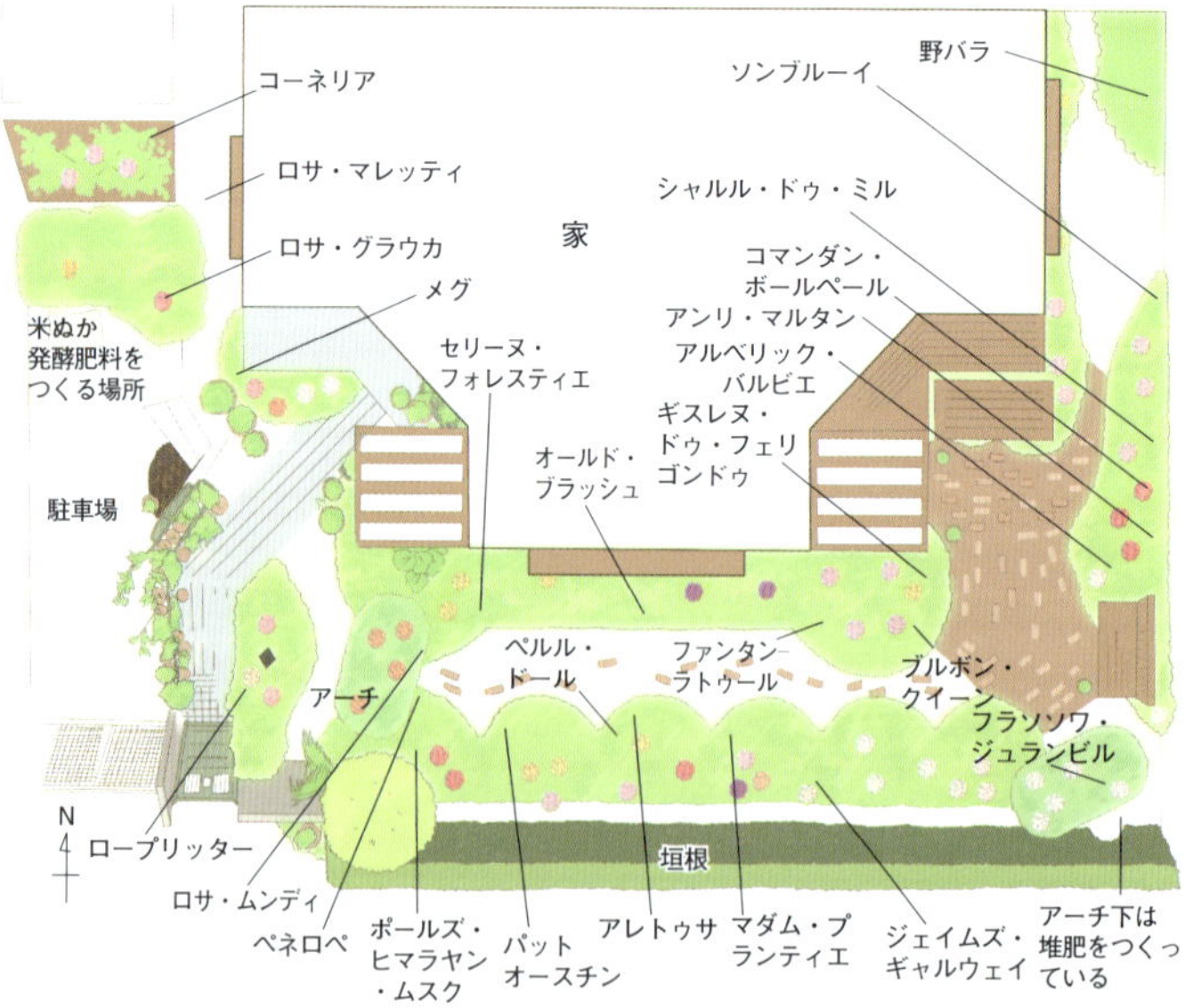

●**所在地**／茨城県水戸市　●**庭の面積**／約130m²（駐車場を含む）
●**日当たり**／南向きで日当たりはよいが、南側と北側が生垣という条件があり風通しが悪い　●**地植え・鉢植え**／それぞれ約100種類

パーゴラに導かれて

家の両側にパーゴラのある設計になっており、パーゴラがあるなら、「バラが一番似合うはず」と、バラを育てるようになりました。最初は、赤と白のつるバラをからませて育てはじめました。

ちょうどそのころ、ガーデニング雑誌で初めてオールドローズの存在を知り、それまで知っていたバラとはまったく違う、見たこともない可憐な姿に衝撃を覚え、育てるようになりました。

育ててみると、ほかの植物や草花ととても合わせやすいこと、とても香りがよいこと、特に葉は春の芽吹きから晩秋までいろいろな表情を見せてくれることを実感しました。

今ではオールドローズを中心に、原種のバラ、イングリッシュローズ、バラに合わせて宿根草や一年草、洋種か

バラと草花のメインの庭。マダム・プランティエ（アルバ）、ペネロペ（ハイブリッド・ムスク）、アレトゥサ（チャイナ）、パット・オースチン（イングリッシュローズ）、ペルル・ドール（ポリアンサ）などが満開

ら山野草までさまざまな植物を育てています。

無農薬でバラを育てる

バラを無農薬で育てたかったのは、当時、子どもたちがまだ小さく、よく庭で遊んでいたことや犬を飼うようになったこと、仕事をもっているので庭にかけられる時間が限られ、薬剤散布などをタイミングよくできないという理由からです。

もちろん初めからうまくいったわけではありません。最初の1年目は、うどんこ病、黒点病、アブラムシなど、次から次へとやって来ました。それでも「無農薬でバラを育てたい」という思いがあり、よいといわれる方法はずいぶん試してみました。試行錯誤しながら無農薬で育てていくうちに、年を重ねるごとに、バラが元気になってきたことに気づきました。

3年もすると、うどんこ病にかかっているバラはほとんど見なくなり、アブラムシもほとんどいなくなりました。それまでは、黒点病で夏の葉がすっかり落ちて丸坊主になり、木だけが残っている状態でしたが、いつの間にか黒点病で葉を落としても、すべて落ちきらないうちに次の葉がちゃんと展開して、丸坊主になることはなくなったのです。

虫対策

無農薬でバラを育てるには、日ごろの観察と予防が大切だと考えています。

無農薬に切り替えると、最初はきっとアブラムシもたくさん発生すると思います。そのときは、面倒でも手で取るか、剪定バサミの先などでなでてみてください。金属が嫌いなのか、アブラムシはハラハラと落ちてしまいます。

私の庭のオールドローズたち
❶デュシェス・ダングレーム（ガリカ）。うなだれるように咲くフワフワの花とピンクから白ピンクへ変化するさまが魅力的
❷ファンタン-ラトゥール（ケンティフォーリア）。咲きはじめから終わりまで花期の長いバラで、とてもよく咲く
❸レディ・ヒリンドン（ティー）。紅茶アールグレイの香りと枇杷色のゆるい花びらで、ゆったりと咲く

❶野バラ（右）とアルベリック・バルビエ（ランブラー）（左）が折り重なるように咲いている
❷秋にはこんなかわいい野バラの実がなり、リースなどに使える
❸花が咲く前のバラの葉。無農薬で元気に育っている

ヨトウムシやチュウレンジバチの幼虫など、バラの葉や草花にダメージを与えるものは手で取ります。

花の咲く少し前、蕾が上がってくるころにやって来るのがバラゾウムシです。私は、トウガラシ（20〜30グラム）を酒（700CC〜1リットルのアルコール度数の高い焼酎、ジン、ウォッカなど）に3カ月くらい漬けこんだ液を、700〜1000倍に薄めて、蕾の花首のところにスプレーしています。これだけで被害がかなり縮小します。花首のところにスプレーするだけですから、量も少なくてすみ、時間もそんなにかかりません。

トウガラシに含まれるカプサイシンは、脂溶性なので木酢液などには溶けにくいのですが、アルコールなどには溶けやすいということです。

カミキリムシ、コガネムシ対策は特にしていません。鉢のコガネムシ被害は今までに2鉢だけです。炭と木酢液を使っ

バラは合わせる草花によって表情が変わるので組み合わせを考えるのが楽しい。濃いピンクのオールド・ブラッシュ（チャイナ）と奥の白いナニワイバラ（野生種）に草花はアグロステンマ

て育てているおかげかもしれません。カミキリムシは株元に木屑が出ていないか観察するだけになっています。

米ぬか、炭、木酢液を使って

私の無農薬のバラ庭には、米ぬか、炭、木酢液が欠かせません。特に、栄養豊富な米ぬかは、一年中いろいろな場面で活躍しています。

○米ぬか

米ぬかは、地元の農産物の直売所で安く手に入るので、それを利用しています。ただし、夏場の生の米ぬかは虫が発生しやすいので、小分けで購入しています。米ぬかには、発酵微生物が必要とするリン酸、マグネシウム、カルシウム、ビタミンなどの栄養が豊富に含まれています。これらが微生物の餌になり、発酵を促進してくれるのです。

まずは、冬に発酵肥料をつくるときに利用しています。発酵肥料は、西側の駐車場にスノコを組んだ枠を置き、段ボール箱を入れて、その中でつくっています。

うどんこ病にかかったときには、米ぬかをつけた指で葉をこすってあげるとうどんこ病が消えてしまいます（→51ページ）。

そして、生ごみを米ぬかで発酵させたものと、バラの剪定枝や葉、花がら、抜いた雑草、咲き終わった草花などをハサミで2センチくらいの長さに切ったものと、少量の庭土を混

Column　米ぬか発酵肥料のつくり方

材料

かき混ぜやすいように、材料の分量は、全部合わせて段ボール箱の半分くらい。

※2010年1月のレシピ

米ぬか10kg、牛糞10kg、油かす5kg、カニ殻10kg、骨粉10kg、炭5kg、カキ殻5kg、EM菌、ヨーグルト（乳酸菌）、納豆（納豆菌）、砂糖、ビール（酵母菌）、昨年の発酵肥料、米ぬかで生ごみを発酵させたもの（ミカンの皮、バナナの皮）、庭土

つくり方

❶材料に1000倍に薄めた木酢液を少しずつ加えて、手で握ってやっと崩れるくらいの硬さに混ぜ合わせます。混ぜたものを段ボール箱に入れます。水分過多になるとアンモニア臭がするので注意します。

❷写真のように、ビニールで覆いをして、40度以上まで温度が上がるのを待ちます。翌日～1週間くらいで温度が上がってきます。

❸温度が下がるまで、毎日全体をかき混ぜます。高温になりすぎたときは、1日2回くらいかき混ぜて、空気を入れて温度を下げます。完全に温度が下がって、3カ月くらいおいたものを肥料として使います。

　写真の段ボール箱で60kgの肥料ができあがります。こうしておくと、1年間たっぷり肥料が使えるので便利です。

※段ボール箱は、雨が降ったとき、雨が中に入りこまない工夫をしています。簡単なことなのですが、段ボールの片方の上部を少し深めに折り曲げるのです（❹❺）。すると、蓋の部分が斜めになるので、雨水は自然に流れて水がたまるということがなくなります。

※針金でつくったフックは、自由に曲げられるので、覆いの開け閉めがとても楽です（❻❼）。

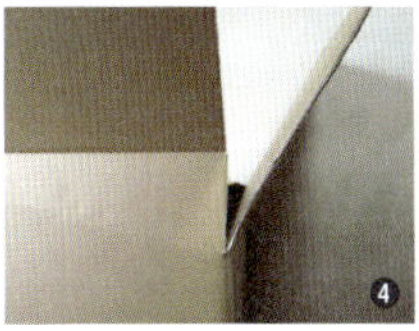

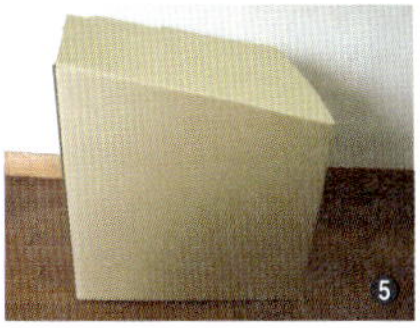

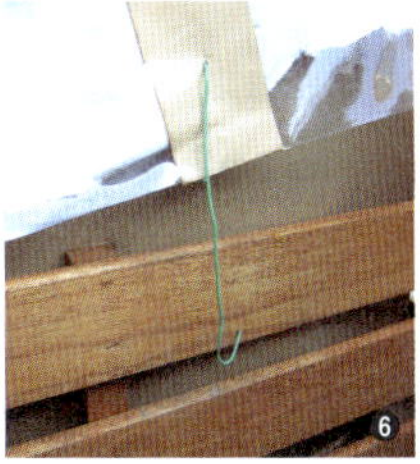

ぜ合わせて、庭土の表面にまいています。生の米ぬかをそのまままくよりもさらに早く残渣が分解するように思います。

時期により、バラの剪定枝や葉、花がら、雑草、草花などが大量に出たときは、アーチの下に、これらを重ねて発酵・分解させるスペースを設けています。これらを時々かき混ぜて空気を送りこんでやると、特に悪臭が出るということもなく、かなりのスピードで土に還っていきます。このようなやり方で土づくりをするようになってからというもの、庭から出る残渣を土に還す作業がとても楽になりました。

❶バラ苗の足元に花がらをまいた様子。剪定枝や葉、雑草や草花の場合も同様のまき方をする　❷花がらに生ごみを米ぬかで発酵させたものをかけた様子　❸花がらに生ごみを発酵させたものを混ぜ合わせる　❹数日後、花がらが分解したあとの土の様子

アーチの下の発酵スペース
❶剪定枝、葉、花がら、雑草、草花などをアーチの下に積み上げている　❷生ごみを米ぬかで発酵させたものをかける　❸混ぜ合わせたあと。時々かき混ぜて空気を送りこむ　❹数日後の土の様子

○炭

炭は、多気孔であるため表面積が大きく、1グラムあたりテニスコート一面もの面積があるといわれています。この気孔の中には空気をたくさん含んでいて、微生物のすみ処として最適な場所であり、土の中の有用微生物を取りこんでふやすという働きがあるそうです。

また、雨が降るとこの気孔の中に保水し、晴れて土が乾く

Column　米ぬかで発酵させる生ごみ堆肥のつくり方

❶段ボール箱は、スーパーなどに置いてある3～5キロのみかん箱（約35×25×10㎝）を使っています。

❷米ぬか発酵をさせると、かなりの高温になり、水分が蒸発するので、材料を入れる段ボール箱の下に空の段ボール箱を置いています。くれぐれも床などに直接置かないよう気をつけてください。

❸毎日出る生ごみ（野菜くず、バナナ、ミカンの皮など果物全般）を、まな板の上で適当に細かく包丁で刻み、卵の殻は手で細かくつぶします。コーヒーかす、茶がら、ヨーグルト、納豆、漬物や食べ残しなどは投入しますが、魚や肉は投入しません。

❹❸と米ぬかを段ボール箱の中に投入して、素手でかき混ぜます。気になる方は、手袋などをして混ぜればよいと思います。

❺米ぬかの量は生ごみがやっと見えなくなるくらい、生ごみ1に対して米ぬか2～3の割合ですが、投入した生ごみの種類や季節によって発酵の具合が変わるので、様子を見て加減しています。

❻季節によって発酵のスピードは異なりますが、半日もするとぬか漬けとは違った、香ばしい香りがしてきます。手を入れてみると、温かくなっている（発酵している）のがわかります。

❼この時かき混ぜると、かなりの水分が蒸発するのがわかると思います。この水分を、下に置いた段ボールがうまい具合に吸収してくれます。

❽このように毎日生ごみと米ぬかを投入していって、発酵が終わって温度が上がらなくなったら庭にまいています。

最大の注意点は、水分過多にしないこと。水分過多＝腐敗と考えたほうがよいと思います。腐敗すると悪臭とともに虫なども発生しますから注意が必要です。

少しでもすっぱい臭いがしたり悪臭がしたり、青カビが生えたりという症状が見えたら、必ず米ぬかを追加して、空気が入るようによくかき混ぜてください。こうすると常によい香りがするので気持ちがとっても楽になると思います。なぜかこの米ぬか発酵にはまる方が多いのです。

私は一年中、台所のたたきに段ボール箱を置いて、じかに生ごみを投入できるようにしています。夏場はコバエなどが発生してしまうのでは？と疑問をもたれるかもしれませんが、なぜかこの段ボール箱の中には発生しないから不思議です。気になる方は、まず家の外に置いて試して、納得のいく結果が出てから、家の中に入れるかどうかを判断されてはいかがでしょう。

右上：元の形の炭。左上：右上の炭を鉢底用に砕いたもので、長さ3～5cm。右下：鉢の土に混ぜる炭、長さ約1cm、幅2～3mm。左下：庭の土に混ぜている炭、長さ2～4cm、幅1～3cm

と放出したり、昼間は太陽熱の遠赤外線を蓄え、夜など気温が下がると熱を放出する働きもあるそうです。

そのほか、炭には、動物や植物に必要なミネラル（ナトリウム、カリウム、マグネシウム、ケイ素など）が含まれていて、これらは水溶性で、植物に吸収されやすくなっているそうです。

私は炭を使用する場面に応じて、大・中・小と分けて使っています。中くらいの炭が手に入ったときは、庭の土と炭をスコップで混ぜ合わせています。

また、バラや草花を鉢植えするときには、鉢底に、ゴロ石のかわりに炭を砕いて入れています。鉢土にも小さい炭を混ぜて使っています。混ぜる炭は、土全体の5パーセント以内にしたほうがよいようです。炭を入れた場合と入れない場合では、バラの根張りが断然違います。また、冬の寒い時期、お隣の家の土が凍ってしまったときでも、炭を入れた私の庭の土は凍らなかったことがありました。

バラの下草と愛犬ルイス。バーバスカムや、ジギタリス、ペンステモン、マトリカリア、ミツバ、シモツケ、リナリアリップルストーン、オンファロデス、ヘビイチゴなど

○木酢液

木酢液は、成分表示のきちんとしている地元の森林組合のものを使っています。

私の場合、庭土や鉢土に月１～２回程度、冬のバラの休眠期には殺菌消毒を目的として１００～４００倍で、春、蕾が上がってくるころは、土中の有用微生物をふやし土の状態をよくする目的で５００～１０００倍で、ジョウロでまいています。花の咲いている時期はまきません。

無農薬でバラを育てて

無農薬でバラを育てて15年がたち、土づくりがとても大切だと実感しました。土が元気になれば、そこに植えられたバラや植物は自然に元気になります。土もバラも元気になって

上：左の赤バラがコマンダン・ボールペール（ブルボン）、右はアンリ・マルタン（モス）、白バラはアルベリック・バルビエ
下：ベロニカ・オックスフォード、シオヤキフウロソウ、ゲラニウム、セラスチウム。宿根草やこぼれ種の一年草など、葉だけでもバラに合わせることができる

くれば、自ずと手をかけなくてすむようになります。

毎日の生ごみはもちろん、バラや木の剪定枝、雑草や草花を抜いたものなど、庭の外へごみを出さないことで、循環型の環境ができあがってきたのだと感じています。

バラの根元にしゃがんで庭をよく観察していると、虫、バラの花、葉、土など、いろいろなものが見えてくるようになりました。庭仕事をしているより、庭や土を眺めている時間のほうが長いような気がします。こういうことがたまらなく楽しいのです。

無農薬のおかげで、庭の空気はおいしく、バラの香りはとびっきりよいのではないかと思っています。自然にまかせて、ちょっぴり手を加えてあげると、庭は生き生きとしてきます。バラの季節、宿根草や一年草が、楽しく音楽を奏でているような庭になってきました。

	6月	7月	8月	9月	10月	11月
	二番花開花。 シュートが伸びる。	三番花開花。		新芽が展開。	秋バラの開花。	
						下旬はほぼ休眠。
	一季咲き、つるバラなど混み合っている枝を間引き、伸びすぎたものは剪定。		花が咲いている株はバラの好きなように咲かせる。 花のない株は下旬剪定。		花がら摘み。	
	黒点病が発生しても新しい葉が展開するのでそのままにしておく。					
	チュウレンジバチの幼虫は葉ごとはずして踏みつぶす。	コガネムシは鉢の土を、カミキリムシは木屑を注意観察。				
	下旬、鉢にのみ米ぬか発酵肥料を与える。					
			木酢液を500～1000倍で、月に1～2回くらいまく。→P.96			

下草ゲラニウム・ビオコボ

Organic Rose Calendar
オーガニックカレンダー／片寄敬子

	12月	1月	2月	3月	4月	5月
庭のバラの様子	休眠期。		下旬、芽が少しずつ展開。	新葉が展開。	下旬、早咲きに蕾が見えはじめる。	一番花開花。
バラの世話	バラの葉を手でむしりマルチに使用。	つるバラは仮誘引。調子の悪そうな鉢バラのみ土替え、ほかは土を足して終わり。			つるバラは枝の伸びを見てからアーチや支柱に誘引。	様子を見て倒れそうなバラに支柱をする。花がら摘み。
病気のこと					気温の差が激しいとうどんこ病が発生しやすい（米ぬかすりすり）。→P.51	
虫のこと				アブラムシはヒラタアブの幼虫が捕食。テントウムシも暖かくなると参戦。	バラゾウムシ対策。→P.91	うどんこ病の菌を食べるキイロテントウ活動中。葉につくアオムシは発見したら葉ごと踏みつぶす。
肥料のこと	米ぬか発酵肥料の仕込み。→P.93		下旬に米ぬか発酵肥料を与える。			
土のこと	生ごみを米ぬか発酵させたものを、バラの剪定枝や葉、抜いた雑草や花がらなどにまぶして庭にまく。この作業は気が向いたときに一年中。→P.94、95					
	11月下旬〜１月、木酢液を100〜400倍で、月に１〜２回くらいまく。→P.96		木酢液を500〜1000倍で、月に１〜２回くらいまく。→P.96			

ロサ・マレッティの新芽

テントウムシ

バラゾウムシ対策のスプレーは花首だけに

自家製馬糞堆肥で土づくり。北国のオーガニック・ローズ・ガーデン

中村良美
なかむら・よしみ
（福島県）

バラ栽培歴14年。
フラワーデザイナー、短大非常勤講師。広島生まれ、岡山育ち。兵庫在住15年、福島在住11年目。趣味はライブに行くこと、カホン(打楽器)演奏など。お酒を飲むのも好き。小さいころから植物を育て生き物を飼うのが好き。

オーガニックな庭づくりというと……

待ちに待ったバラの季節、オープンガーデンを見学に来てくださった方々に、バラの手入れを尋ねられたときにこうお答えしました。

「もう4年以上農薬を使っていないんですよ」

「木酢液も使っていませんね」と。

すると、こんな質問が返ってきました。

「オーガニックって大変でしょう？　それは、何かポリシーがあってですか？」

今までにも何度か同じような質問を受けたことがあります。

そんな質問には、笑ってこうお答えします。

「楽だからです」

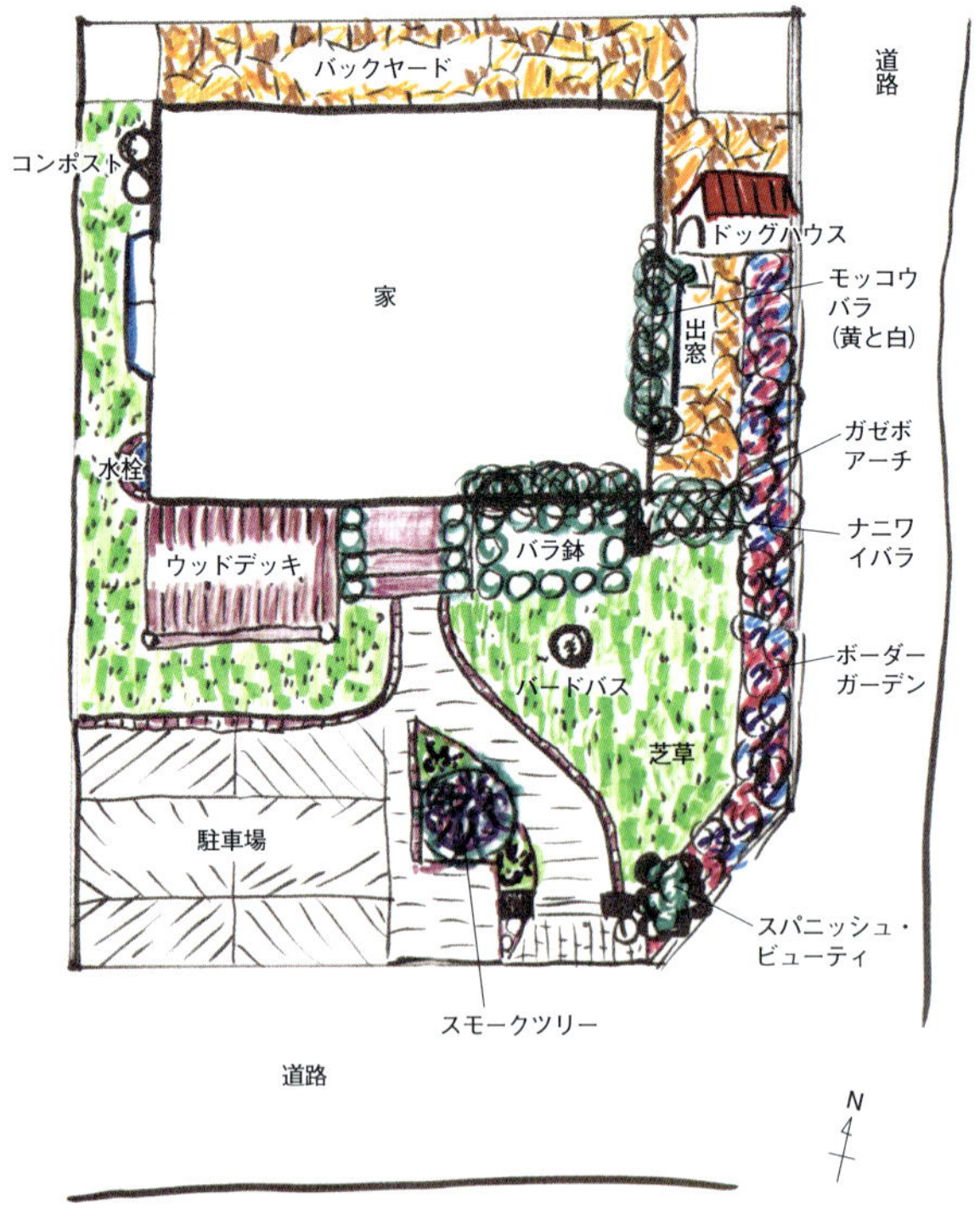

●**所在地**／福島県須賀川市　●**庭の面積**／約150m²（駐車場２台分含む）
●**日当たり**／東南の角地のため、日当たりはとてもよい
●**地植え・鉢植え**／バラ84本のうち地植えは５本のみ。残りはすべて鉢栽培。そのほか13mほどのボーダーガーデンとガゼボアーチと芝庭

「面倒臭いのがキライだからです」

「ポリシーは『楽をして安心したい』と『生き物が好き』っていうくらいです」と。

するると、質問なさった方は狐につままれたような顔。その顔を拝見し、ニヤリとするのも私のオープンガーデンの楽しみなのです。

簡単で楽しいからオーガニックでバラを育てているだけです。

そんなズボラでイタズラ好きの私の実践が、みなさまのご参考になるか心配ですが、正直にありのままを紹介したいと思います。

北国の庭

わが家は東北地方南部に位置しています。

10年ほど前までは兵庫県南部に住んでいたので、庭づくりにおいても地域差を大きく感じています。

各種園芸本も東京基準で

右は、設置してすぐのガゼボアーチ。左は翌年の5月中旬、モッコウバラ（野生種）とナニワイバラ（野生種）がガゼボアーチを覆いつくして満開
下は、私の庭の全景

東壁面の出窓を覆うキモッコウバラ、モッコウバラ

書かれていることがほとんどで、参考にならないことが多いのを、この10年間で経験してきました。

わが家は、郊外の小高いところにある住宅地の一区画という、きわめて普通の宅地です。庭の広さは１５０平方メートル余りですが、２台分の駐車場も含まれ、植栽できる面積は決して広くはありません。

庭の特徴は、東南の角地で日当たりがよい（よすぎる？）ということです。また、夏の日中は東北といえども軽く30度を超え、冬は雪が少なく空っ風が吹き、土は凍ります。1年を通じて風が強く、植物がすべて斜めに傾いてしまうほどです。

さて、そんな環境で、庭をどんなに精魂こめてつくっているか……と自慢したいところですが、残念ながらどんなに手を抜いてつくっているか……の自慢しかできない私なのです。

冬は、土が凍って仕事にならないし、寒がりなのでほとんど外での庭仕事はしません。正直なところ、春になってやっと重い腰を上げ、オープンガーデン寸前に集中して庭仕事をするという体たらくなのです。

1年を平均すると、１日30分も庭に時間を費やしていないと思います。

欲ばりさんの庭

オープンガーデンを主宰しているので、美しく見栄えよくバラも草花も咲かせたいのです。でも、面倒なことはキライで長続きしないのです。仕事とほかの趣味にも忙しく、庭にかかりっきりになってもいられません。

なおかつ、生き物が大好きで、家で犬3匹、猫3匹、熱帯魚多数を飼っています。ですから、なるべく薬剤を使いたくないのです。

そんな庭を成立させるコツは、「手をかけずに目をかける」です。何から何まで過保護に手をかけるのではなく、しっかり状態を把握し、いけないところは早めに対処するのです。すると、いつの間にか手をかけるタイミングとポイントがわかるようになるから不思議です。

おすすめのバラ

モッコウバラは常緑というのが園芸書などでは一般的ですが、わが家の東壁面にあるモッコウバラ（白&黄色）は、冬は落葉します。弱っているのかと思いきや、春にはたわわに花を咲かせます。

このように、地域によってもバラの生育は変わってくるようです。地域差があるので、絶対的なものではありませんが、わが家の庭で状態のよい、オーガニック栽培に向くバラをいくつかご紹介したいと思います。

まず、レオナルド・ダ・ビンチです。

樹形もかなり自由になり、花つきもよく、病虫害に強いバラです。ほかのバラに黒点病がいっせいに出ていても、レオナルドだけは美しい葉を保っていました。

また、花つきがよいだけでなく、透き通るようなピンクの花は、花もちもかなりよいのです。わが家では鉢栽培で2鉢あり、オープンガーデンのときにはリビング前のバラのステージや玄関横の目立つところに置いて大活躍させています。

レオナルド・ダ・ビンチ（フロリバンダ）のアップと全景。花つきもよく、病虫害に強い

一般的に知られている品種では、フロリバンダのアイスバーグをあげたいと思います。

これも、大きめの鉢栽培なのですが、バルコニーまで這わせてアンジェラとともにバラのアーチをつくっています。植え替えは3年に1回くらいですが、花つきもシュートの上がりもよく、トラブルはほとんどありません。

そして比較的新しい品種では、ミスティ・パープルでしょうか？

ブルーグレーのバラはあまり強くないというのが一般的な評価のようです。

弱いバラのイメージとしては〝しっかり消毒たっぷり肥料〃ですね。しかし、私は特にほかのバラと違った栽培はしていません。

やはり、鉢栽培です。それでも、素晴らしい香りでニュアンスのある色の花をたくさん咲かせてくれますので、オーガニック栽培に向く強いバラといってもよいのではないでしょうか？

アイスバーグ（フロリバンダ）のアップと全景。バルコニーまで這わせてアーチをつくる

ミスティ・パープル（フロリバンダ）

自然の生態系に近づける庭づくり

さて、ここでは北国のわが家の庭での生き物たちのドラマを中心にお伝えしたいと思います。

県内に三春《みはる》という地名があります。梅・桃・桜がいっせいに咲く様子から名づけられたそうです。春の訪れの遅い東北では、一気に爆発的に春がやってきます。

そして、生き物たちも春とともにいっせいに姿を現わします。

まず目にするのはヒラタアブのお母さん。そこで、バラ苗を見てみると、やっと顔を現わしたばかりの赤い芽にアブラムシがいるのです。しかし、そこにはすでにヒラタアブの卵が……。ヒラタアブのお母さんはしっかりとパトロールしてくれているんですね。

そして、間もなく虫をくわえたカナヘビも見かけるようになります。

アマガエル

カナヘビは暖かい日の午前中は日光浴をするのをご存じですか？　いつも決まった位置に出て、日向ぼっこをしているので「おっはよう！　今日も暖かくなりそうね」なんて声をかけてしまいます。そのうち、カナヘビ母さんのおなかが大きくなり、夏ごろにはほんとうに小さなカナヘビベビーに出会えます。

庭に飛んできたハグロトンボ

庭にずっといるカナヘビ、ハナグモ、アマガエルなどのほかに、夏になるとさまざまな生き物がやって来てくれます。

ナミアゲハ、クロアゲハ、キアゲハ、シオカラトンボ、イトトンボ、時にはハグロトンボやオニヤンマなども遊びに来ます。

そして、毎年スモークツリーにはキジバトが巣をつくり、そのうちかわいいヒナが孵《かえ》ります。キジバトの巣立ちが終わるころに8月がやって来ます。

お盆が過ぎると、秋の気配が濃くなり、虫の声が聞かれます。朝晩の気温が低くなり短い秋がやって来ます。

こちらに来て強く感じたのは、秋がとても短いことです。秋風が吹き、赤トンボが燃えるような赤になったら、霜の心配をしなければなりません。ですから、秋バラの咲く時期は短いのです。

寒さに強いバラでも2～3回強い霜に当たると花びらのふちが茶色になってきれいに咲かなくなってしまいます。蕾がつくのが遅くなると、そのまま咲かない蕾も多いのです。

そのころには、大きくなったカマキリも、クモも、カエルも、カ

スモークツリーに巣をつくったキジバト

ナヘビもいつの間にか姿を消し、静かな静かな長い冬に入ります。

チチンプイプイの魔法の粉

さて、目に見える自然の生態系だけでなく、土の中で繰り広げられている目に見えない自然の生態系と食物連鎖がオーガニックな庭づくりでは大切だと考えています。

生きているものがその命を失い、やがて土に還る。排出したものが時を経て、土に還る。そこで大切な働きをしているのが、多くの小さな生物や微生物です。

そこでご紹介したいのが、わが家のオーガニックな庭づくりで活躍している自家製馬糞堆肥です。

学生のときに馬術部に在籍していた私にとって、馬糞はとても身近なものでした。近所の農家の方が積み上げたまま発酵したブスブスと燻る馬糞を取りに来ていました。よい野菜ができるという言葉が記憶のどこかに残っていたのです。それが、オーガニックでのバラ庭づくりをしようとしたときに、馬糞堆肥をつくるきっかけになったのです。夫が乗馬を続けているので、頼めば持って帰ってもらえるという手軽さも幸いしました。

住宅地での馬糞堆肥づくりですから、周囲への臭いの配慮が必要です。そこで私は、ホームセンターなどで入手できるコンポストを裏通路に設置して使用しています。これなら、蓋をしてしまえば周囲に臭いが漏れることもありません。

たっぷりの微生物（善玉菌）を含んだふかふかの馬糞堆肥は、元気な地力のある庭づくりに大きな役割を果たしてくれています。

鉢栽培のバラにも、13メートルのボーダーガーデンにも使っています。

春の新苗・秋の大苗ともに苗を植えつけるときは、馬糞堆肥を混ぜこんだ土で植えつけ、芽出しの春にはさらに土の上に乗せています。

さらに冬に余分があるときは、防寒のマルチングとしても

上：枯れ葉を取りのぞいた、早春の庭（ボーダーガーデン）の土の様子
下：夏の鉢バラの土の様子

Column 自家製馬糞堆肥のつくり方

今まで、どれを何キロと量ってつくったことはありません。馬糞の状態、季節などにより水分含有量などが変わってきますので、そのつど微調整をしています。ですから大体の量での表記になります。

※仕込みの目安量（2010年5月5日仕込み分）

馬糞………約30kg

完熟腐葉土…16ℓ（大袋の約3分の2）

米ぬか………約1・5kg

●馬糞（❶）を入手できるところを探します。比較的簡単に入手できるのは乗馬クラブでしょう。馬術部のある学校、サラブレッド育成施設などでも分けてくれます。

●コンポスト、完熟の腐葉土、米ぬか（❷）を準備します。

●馬糞を入手したら、コンポストに、馬糞→米ぬかうっすら（❸）→腐葉土→米ぬかうっすら（❹）を1セットとして、3～4セットを順番に重ねていきます。米ぬかは発酵促進のためですが、多すぎるとかたまって膜をつくり、うまく発酵が進まなくなるのでご注意ください。

●1カ月ほどたったら、全体を切り返します。もうこの時点で、馬糞のツンツンした臭いはほとんど消えて土のような匂いに変わっていると思います。うまくいっているときには、上部や腐葉土の間に白い菌糸のかたまり（はんぺん）が見られることが多いです。もし、水分が多くジクジクしているようなら、腐敗しないように米ぬかと腐葉土またはバーク堆肥を加え、通常の培養土に近い状態（水分量）に戻します。

●その後、1～2カ月ごとに切り返しをして、状態を見ながら6～10カ月ほど寝かせます。全体にふかふかとしてよい土の匂いになり、底の部分にミミズが多く見られるのを私はできあがりの目安としています（❺）。

※保管方法

そのままコンポストで保管します（❻）。次の馬糞堆肥づくりでコンポストを空けなくてはならない場合は、大きなプラスチック鉢に移し、密閉しないように軽く蓋をして、雨が入らないように軒下の日陰で保管します（❼）。

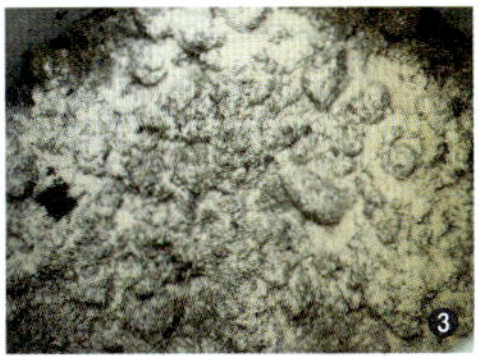

使います。オーガニック栽培と馬糞堆肥のおかげで、たくさんのミミズが育ち、さらに団粒化した土にしてくれているのです。よく、土は人間の腸内にたとえられますね。ほんとうにその通りで、元気な善玉菌が活躍する元気な土は、バラたちの健康のみなもとです。

バラと下草の取り合わせ。白っぽいバラがマルティーヌ・ギヨー（シュラブ）、赤紫のバラがビサントネール・ドゥ・ギヨー（シュラブ）、レースフラワーのような白い下草はオルレイヤ・グランディフローラ

ボーダーガーデンは手で簡単に掘れるほどふかふかサラサラの土で、土が見えないほどの密植ですがトラブルも少なく育ってくれています。

私にとっては、馬糞堆肥は地力をつけ、オーガニックの庭を成功させるチチンプイプイの魔法の粉のような存在なのです。

自家製馬糞堆肥のアレンジレシピ

また、自家製馬糞堆肥を利用して米ぬか発酵肥料をつくっています。

自家製馬糞堆肥4、米ぬか4、もみ殻くん炭1、貝化石灰1、というのが基本配合ですが、計量したことはなく、かなりアバウトです。あれば、自宅近くでとれた「はんぺん」（土着菌）も混ぜこんでいますが、なくても発酵は可能です。

それらを、水1リットルに黒砂糖40グラムくらいの薄い黒砂糖液で、握ったものを指でつつけば崩れる状態に混ぜ合わせ、大きな素焼き鉢に入れて新聞紙で軽く蓋をします。ホカホカと発酵してきたら1日に1回混ぜて、1～2週間でポロポロになればできあがりです。

できたものは、鉢植え・地植え両方に、3月の芽出し肥として与えたり、11月にマルチングをかねてまいています。

馬糞を発酵させて馬糞堆肥をつくり、馬糞堆肥を使ってほかのものも発酵させて肥料をつくる。この一連の作業が、私が唯一手間をかけている庭作業なのかもしれません。

ポイントを押さえた省エネガーデニング

省エネガーデニングというと、エコ材料かリサイクルでのガーデニングのように聞こえますね。でも、私のいう省エネとは自分が使うエネルギーを省略したいという「省エネ」なのです。今まで、最低限のポイントさえ押さえておけば、オーガニックでバラ庭をつくることができると思って実践してきました。

私の庭づくりの省エネポイントは、次の3つです。
○無理せず、自分の庭に合った植物を育てること。
○ここだけはちょっと手をかけて馬糞堆肥をつくり、マルチングすること。
○しっかりと庭を観察して早めに対処すること。
ちょっとくらい状態が悪くてもあきらめず、少々失敗してもまたトライしてみればよいという、おおらかな気持ちでオーガニックな庭づくりを楽しんでいます。

安心してバラジャムをつくったり、ジューンベリーやブルーベリーをその場で食べたり、バラ風呂にしたり……。

面倒な薬剤散布がなく、たくさんの生き物のドラマを見ながらの庭仕事は楽しいものです。

「ああ、生きているんだな。人間も大自然の一部なんだな……」なんて、しみじみ感じる豊かな庭が、ちょっとした工夫と手間で手に入ります。

こんなズボラな私でもできるのですから、ハードルは低いと思います。どうか、みなさまのお庭も豊かで楽しいお庭になりますように。

下草の様子。ヒューケラ２種、アガスターシェ・ゴールデンジュビリー、ラミウム、斑入りエニシダ・パピー

	6月	7月	8月	9月	10月	11月
	上旬に早咲きが咲き、２週目あたりに一番花が満開となる。	早いものは二番花開花。	朝夕が涼しいせいか、ポツポツと咲きつづける。	そのまま、秋バラ開花。	秋バラ開花。	霜に何回かあい、秋バラ終了。
	オープンガーデンに向けて、エントランスに並べていたバラ鉢をリビング前にアレンジ。 咲き終わったら花がら摘み。	モッコウバラ、ナニワイバラの剪定。		台風などの強風に注意。風の強い地域なので、つるバラなどは枝が裂けたり折れたりしないように、しっかり結びつけておく。		中旬から鉢バラの植え替え開始。
	黒点病のために葉を落としたバラも花後に復活の兆し。黒点病などが出た苗は深めに剪定し、次の葉の展開を促す。			涼しくなるとともに再び黒点病があちこちで発生。しかし、基本的には放置。 下旬の秋の長雨のころにうどんこ病発生を最小限にするため、「米ぬか花咲か爺さんまき」をする。 →P.21	引き続きうどんこ病が発生しそうになったら、「米ぬか花咲か爺さんまき」をする。→P.21	
	カエルが外灯に集い夜な夜な虫を食べる。 カナヘビ母さんのおなかが大きくなる。 テッポウムシの被害注意。しっかり根元観察が大切。おがくず様のものが出ていたらフック状にした針金を差しこみ、引っかけて幼虫を引っ張り出す。 大きくなったテッポウムシの甚大な被害が、毎年６月上旬にある。2010年はアイスバーグに勢いがなく、通常ではありえない早期から黒点病になった。６月１週目にテッポウムシに地際をやられていることに気づく。勢いのない原因はテッポウムシだったようだ。	カナヘビの子どもがたくさん現われる。 テッポウムシの成虫、カミキリムシが姿を見せはじめるので手で取る。 アシナガバチが各種幼虫を捕食。  テッポウムシの被害	キジバトが子バトを孵す。 引き続きカミキリムシ注意。	大きなカマキリを見るようになる。 バラゾウムシとアブラムシが再び姿を現わす。バラゾウムシはひたすら手で捕獲。 アブラムシはほかの虫の活躍に期待して基本的に放置。		寒さのためにしだいにすべての生き物の姿が見えなくなり、庭は休眠期に入る。
	下旬にお礼肥として自家製馬糞堆肥と市販のペレット状有機肥料をまく。				寒いと感じる日が増えてきた10月中旬ごろに、自家製馬糞堆肥を元種に米ぬか発酵肥料をつくる。 →P.108	マルチングをかねて米ぬか発酵肥料と自家製馬糞堆肥を鉢バラ・地植えバラともにまく（残っていれば）。→P.106、109
	二番花のために、自家製馬糞堆肥でマルチング。					

Organic Rose Calendar

オーガニックカレンダー／中村良美

	12月	1月	2月	3月	4月	5月
庭のバラの様子	休眠。			下旬に赤い芽がぷっくりと膨らむ。	やっと新芽が展開。	中旬にモッコウバラが咲く。下旬にナニワイバラが咲く。
バラの世話	基本何もせず。 暖かい日があれば、鉢バラの植え替え。			バラの芽が動きはじめる予感に慌てて誘引。 暖かい日があれば、鉢バラの植え替え（中旬まで）。	剪定（上旬）。	
病気のこと	黒点病になった葉もほかの元気な葉と一緒に落葉（寒さのためと思われる）。落ちた葉は病気を翌年に持ち越さないように早めに処分。				後半からうどんこ病注意。発生しそうなときは、「米ぬか花咲か爺さんまき」。→P.21	
虫・鳥のこと（生き物のこと）				中旬以降、ヒラタアブ（成虫）の姿を見はじめる。	ヒラタアブ幼虫、テントウムシ（成虫）が活躍。 カエルが冬眠から覚め、カナヘビの姿も見るようになる。	カッコウが鳴きはじめ、バラの開花を告げる。 ハナグモがあちこちに潜む。 バラゾウムシを見つけしだい手で取る。
肥料のこと	自家製馬糞堆肥をコンポスト１個分仕込む。→P.107			芽出し肥として、米ぬか発酵肥料と市販の有機肥料を鉢植え・地植えともにまく。→P.109		自家製馬糞堆肥をコンポスト１個分仕込む。→P.107
土のこと	凍りはじめるので寒さに弱い鉢植えのバラは馬糞堆肥などでマルチング。→P.106	雪が積もっているか凍っているので、基本何もせず。		鉢に堆積した落ち葉などを取りのぞき、土の嵩が減っている場合は土を足す。		

ナニワイバラとミツバチ

カナヘビ

自然とともに、循環型ローズ・ガーデンをめざして

矢崎恵子

やざき・けいこ

（山梨県）

バラ栽培歴10年。
東京都出身。「咲季山草軒」として、おもに山野草苗の生産、販売を始めた。趣味は、植物栽培、庭づくり、音楽鑑賞。

ここは低山の麓、今では針葉樹に覆われ山野草も種類が減ってきているとはいえ、かつてはさまざまな雑木と山野草があったことでしょう。そこで「風土に合った庭づくり」をするべく、この地にふさわしいと思われる植物の栽培を心がけています。

　私にとってバラは特別な存在ですが、個人的な好みや、多様な環境をつくりたいということから、庭にさまざまな植物があることが望ましく、バラは3分の1程度に抑えています。

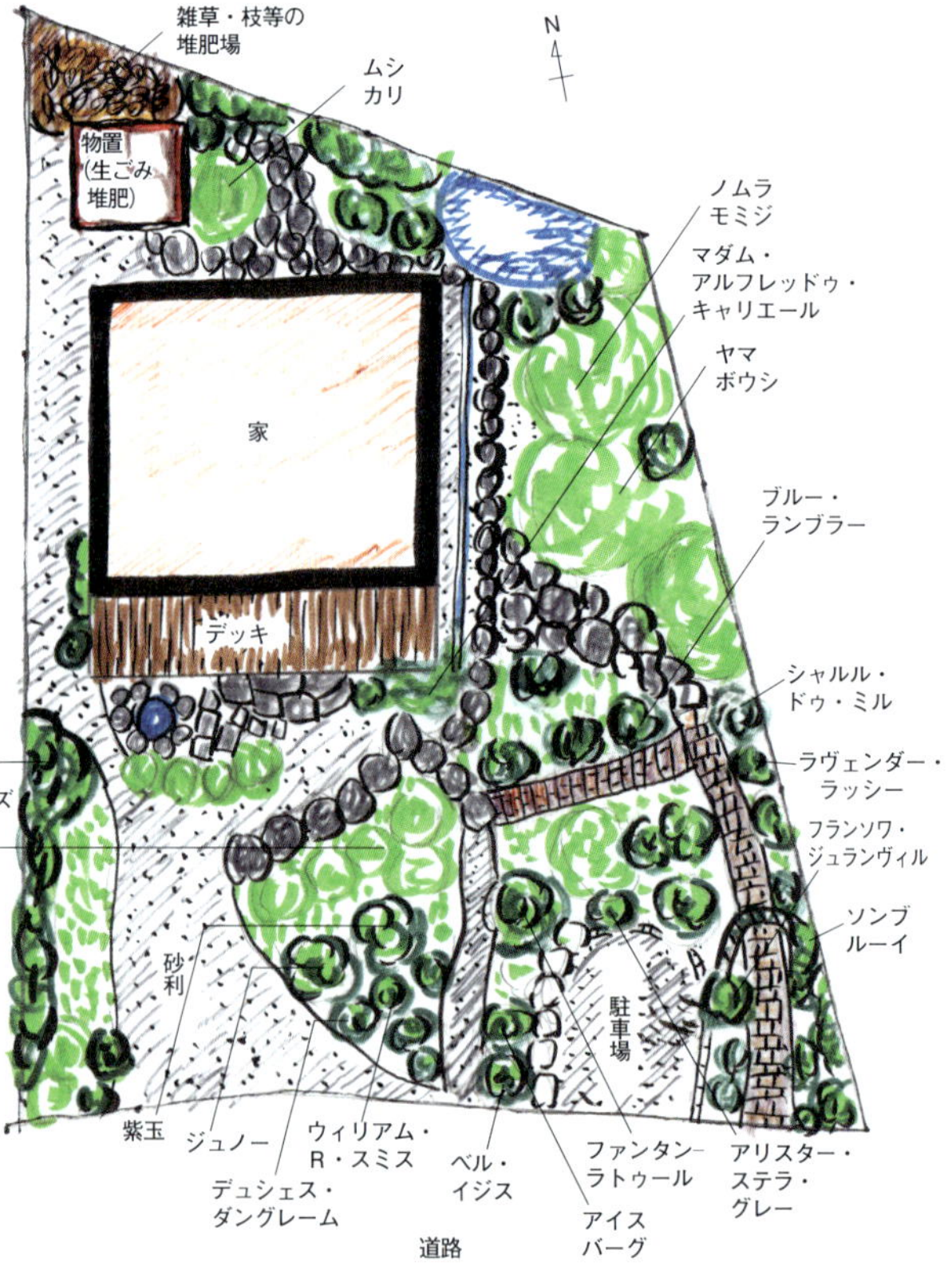

●**所在地**／山梨県上野原市　●**庭の面積**／165m²　●**日当たり**／良好
●**地植え・鉢植え**／約100株中地植えがやや多い

樹木による緑陰、また、盛り土の形成や石の多用など、変化に富んだ環境が生まれたことで、そこにふさわしい植物が育ち、鳥や虫、微生物なども多様になったと考えられます。事実庭には、ほぼ年間を通してさまざまな鳥が飛来し、なごみを与えてくれると同時に、バラにとって好ましくない虫もついばんでくれます。

庭には、雨天、極寒、強風、超多忙時をのぞき、1日2時間以上費やしてしまいます。毎日、まあよくもやることがあるものですね。

私のおすすめバラ

私が無農薬栽培でおすすめするバラは、ガリカの紫玉、ノワゼットのアリスター・ステラ・グレー、ケンティフォーリアのファンタン－ラトゥール。丈夫で病気になりにくく、花質、樹形などあらゆる意味で優れたバラだと思います。コンパクトな日本の庭にもふさわしいといえるでしょう。

つるバラを加えるなら、クライミング・ハイブリッド・ティーのつるミセス・ハーバート・スティーヴンズでしょうか。つるでありながら返り咲きするというのも魅力です。

いずれのバラも、地植えならば、おおらかさを損なわないよう、強く切りつめずにのびのびと育ててあげたいものです。

駐車場の奥のファンタン－ラトゥール（ケンティフォーリア）。枝垂れ梅がかぶさっている。ちょこんと座っているのは猫のミカ

ただし、一番花のあとはそこそこ切りつめてもまた新芽が勢いよく伸びてきます。

　何年かたつと自分の庭に合うバラ、合わないバラがわかってくると思います。私も今年（２０１０年）の春の寒さにあって、そのことをいっそう感じました。

　その地で育てやすいバラを育てるのは理にかなっていると思います。ただし、うまくいかなかった場合、なぜそうだったかを省みることが重要です。

　また、現在の生産者は、ほとんど農薬を使っているので、ことによると苗を買った翌年は薬切れのためか、葉がぼろぼろになることもあります。

　でも、そこであきらめない！

　いったんは葉を落としたとしても勝負はそれからです。人間でも幼少時より年月を経て丈夫になるように、バラも同じく徐々に耐病性を身につけていきます。庭や鉢内の環境を調えることにより、歳月とともに健やかになってほしいと願っています。

❶左からジュノー（ケンティフォーリア）、デュシェス・ダングレーム（ガリカ）、紫玉（ガリカ）、ウィリアム・R・スミス（ティー）　❷つるミセス・ハーバート・スティーヴンズ（クライミング・ハイブリッド・ティー）。アオハダにもたれかかってアーチになっている　❸紫玉　❹ファンタン-ラトゥール　❺道路から見た主庭。一番まばゆい季節　❻ベル・イジス（ガリカ）　❼樹間を通して見るファンタン-ラトゥール。紫玉も見える

庭で出た枝や落ち葉の再利用

庭をもつと誰しもがやらなければならないこと、それは草とり。間違いなくわが庭でも相当量の雑草を処理しなければなりません。この場所に庭を構えてまだ4年目ですが、当初のおそるべき量に比べれば、栽培植物で覆われてきた昨今は、ずっと楽になってきてはいます。

それと反比例するようにふえてきているのは剪定枝。バラだけでも冬の剪定枝のみならず、一番花のあとごっそり出ます。

そうした植物の「ごみ＝お宝」は、太めの枝とそれ以外のものを分けて、物置の裏の堆肥場にひとまずためて置いています。

細枝や葉は1年もすれば、下のほうから土になっていきますが、どんどん上積みしていくので、見た目にはいつも土ではないものが積まれている状態です。

太めの枝は簡単には堆肥化されないので、畑で燃やします。わが地方では焚き火はま

切った細枝、抜いた草を置いておく堆肥場

剪定枝などを燃やしたあとの灰。バラの株元などにもざらっとまく。灰は強アルカリ性、バラは弱酸性用土を好むが、少量では酸度はすぐに戻る

だ禁止されていないのです。その灰は翌日冷えたところでバラの株元などにうっすらとまきます。

米ぬか発酵生ごみ堆肥づくり

庭に畳3畳分程度の物置があります。そこで、日々の生ごみを堆肥化しています。

私は、なるべく腐敗物を少なくするため、生ごみを2種類に分けています。果物の皮、卵の殻、野菜の切りくずなど洗う必要のない生ごみと、通常、三角コーナーに入れるものの2種類です。前者はボウルに入れています。果物の皮にはわずかですが酵母菌が期待できます。

そのふたつをほぼ毎日物置へ運び、物置のコンクリート敷きの床に直接積んでいます。生ごみを加えるたびに米ぬかを加え、スコップで切り返しています。積んだ生ごみを2段階に分けていて、左側には日々の生ごみを追加し、右側には追加せずしばらく寝かせておいています。

わが愛すべき物置。ここで生ごみ堆肥、ならびに嫌気性ぼかしがつくられる

2週間ほど経過したところで、寝かせておいた右側の生ごみ堆肥を段ボール箱につめます。右側があいたところで、左から適量分けて、また寝かせておきます。

匂いは安定していて臭くなることはなく、多少カビの生えているものがあったとしても、すぐになくなってしまいます。

米ぬか発酵生ごみ堆肥の使い方

段ボール箱の中でおおかたできあがった生ごみ堆肥は、完熟していなくてもバラの寒肥《かんごえ》（12～1月にバラに与える肥料）や畑などに使っています。

バラへの寒肥では、地植えバラに地面を軽く掘って施しています。量はせいぜい両手ですくえるぐらい。鉢には完熟し

たものを軽く掘って一握りぐらいあげました（2010年）。
人の残飯でも植物が育ち、植物自らの残滓でも育ち、植物によって人も何かを得、癒されるというのはおもしろい循環ではありませんか。

嫌気性ぼかし肥料

私の肥料の軸は、米ぬか発酵生ごみ堆肥ともうひとつ、最近大きな期待を寄せているのが嫌気性ぼかし肥料です。（↓118ページ）

発酵には好気性と嫌気性があり、嫌気性は酸素を必要としない微生物を利用した発酵の方法です。切り返す必要がなく、水分管理も要らず、箱の中で寝かせておくだけなので楽です。また、密閉しておけるので虫の発生などを気にせず、季節を問わずつくれるという利点もあります。

嫌気性ぼかし肥料は2010年からつくりはじめたばかりなので、今後使い方にも変化があるかもしれませんが、3月の芽出し肥として、鉢バラには用土を軽く掘って埋めこんでみました。量は片手に軽く一杯ぐらいです。

6月下旬から7月初旬にもお礼肥として、鉢バラに同量以下で施しました。

地植えのバラは、お礼肥として、四季咲き品種に、やはり土を軽く掘って埋めこんでみました。量はこれも片手一杯ぐらいです。一季咲きのバラへは与えたり与えなかったりと、様子を見ながらです。

使ってみた感想としては効きが早く、シュートの出もまずまずで、リン酸が効率よく吸収されたのか、美麗で大きな花がたくさん咲きました。

また、酸素を遮断した嫌気性ぼかしは有害菌が発生しにくく、植物の根を腐敗させないだろうという安心感があり、バラのみならず、発芽

物置内の米ぬか発酵生ごみ堆肥。コンクリート床にじかに積んでいる

米ぬか発酵生ごみ堆肥の使い方
❶地植えのバラの株元より少し離れたところを軽く掘って生ごみ堆肥を埋める　❷土をかぶせたところ　❸鉢の用土を軽く掘って埋める　❹用土を埋め戻す

したての繊細な山野草をポットに移植するときにも使いましたが、なんら問題はありませんでした。

肥料や堆肥を施すことは土と「反応」させることだと私は認識しています。

肥料や堆肥を施すことで、用土内で微生物が爆発的にふえ、微生物自らも生死を繰り返し、バラの生育に関与し、鉢の用土や庭土が生きている状態で反応をしつづけ、病原菌とも拮抗するのだと考えています。

実際のところは目に見えずわからないとしても、その微細な世界のダイナミズムに、あらためて命の不思議を感じずにはいられませんし、命の循環ということを、私たちの体の中のことと同じように考えさせられます。

もはや微生物なくしては私たちも植物も生きてはいけないということを思わざるを得ないのです。

「無農薬って普通のこと」

これは私のバラ仲間が発した言葉です。無農薬でバラを育てるのは特別なことではないと、私も思っています。農薬を使わないからこそ見えてくるバラの性質、およびバラ栽培の楽しみや魅力があると思います。

Column 嫌気性ぼかし肥料のつくり方

❶材料（割合）
米ぬか4　骨粉1・5〜2　油かす・生ごみ堆肥・カニ殻・もみ殻くん炭・硫酸カリ[*]それぞれ1
＊カリ分を有機物で代替しようとすると、大量に投入する必要があるため、無機物を使用。
❷❶に、嫌気性発酵微生物としてぬか床余剰液（乳酸菌）約10ccと、お湯1ℓに大さじ2杯ほどの黒砂糖を溶かしたものを加えます。米ぬかなどの材料が10ℓに対して1ℓです。
嫌気性菌として、条件的嫌気性菌（酸素があってもなくても生育できる菌）である乳酸菌や酵母菌が使えます。EM菌やヨーグルトなどが手頃なようです。
❸十分に混ぜた材料を黒っぽいビニール袋に小分けして入れ、口を封じます。つまり、空気を遮断します。光も通さないよう密閉できる容器に、私は大きな保冷箱や発泡スチロールに入れています。
❹2週間ほどして中をあけ、甘い匂いがしていたら完成で、匂いが弱かったらもう1週間ほどおきます。それで大丈夫です。その間発熱はしません。

Column 庭と生態系

自然界の景色を見ると、時にハッと驚くことがあります。

むきだしになった大木の根が岩にしっかりとからみついている様、その岩も長い年月風雨に耐え風化し、苔も生え、シダやセキショウが岩の上のわずかな土に生息している様などは、すべてがひとつの大きな生き物のようにさえ思えます。調和した生態系ができあがっているのです。

そのダイナミズムにはかなわないものの、庭でもそのような調和した生態系をつくりあげることは可能ではないかと思うのです。

庭の片隅に梅の倒木を利用した鉢があります。うろになっており、そこに用土を入れ、植物を育てています。初めは人の手によって植えつけられたものの、それぞれが増殖したり、思いがけないものが入りこんだりしながら調和し、小さな生態系を築いているようでした。

それは私にとって、庭づくりのひとつの大きなヒントでした。

庭は当然人の手によって管理されるものですが、植物や土、石や菌類、降り注ぐ日光や風雨によって、また虫や鳥の働きにも左右されながら、安定した生態系へと常に動き、落ち着こうとしているように見えます。ただし、その安定した方向とは、人にとって望ましいものとは限りません。ですから、それを人がバランスを取りながら方向づけることが必要になります。その時、植物たちがそれぞれの関係で生き生きとしているか、またその逆であるかを察知する、人間側の感受性が敏感であることが重要だと思いました。

特に早朝や夕方などはとても気が満ちており、その精気に驚きます。古来日本人があらゆるものに神が宿っていると感じたその感覚が呼び起こされます。

私の植物に対する信頼と植物の私への信頼が呼応し、庭は共同体の場へと変化してゆきました。そこで思うのです。もしかしたら庭は、人間をも含めたひとつの生態系なのでは、と。

❶梅の倒木を利用した鉢
❷駐車場の奥を臨む。竹の支柱にはフランソワ・ジュランヴィル、左にはアリスター・ステラ・グレー
❸ラヴェンダー・ラッシー、シャルル・ドゥ・ミルなど

	6月	7月	8月	9月	10月	11月
	一番花開花。 二番花開花。 整枝した枝から新芽が伸びる。シュートも。	ちらほらと開花。		ちらほらと開花。 剪定後に新芽の展開。	秋バラ開花。	秋バラまだ咲く。
	花がら摘み。 伸びた枝の整枝。 病気葉を取りのぞく。 花後に傷みの出る葉を取りのぞく。		枯れ枝、不要な枝を切る。 ８月末から９月初旬にかけて、四季咲き品種に浅めの剪定。	不要枝の整枝。		鉢バラの用土替えはじめる。 花がら摘み。
	株元をチェック。カミキリムシの幼虫に気をつける。 鳥がイモムシなどを補食。 チュウレンジバチも出現（あまり出ない）。	カミキリムシ及びその幼虫に注意。株元チェック。梅雨後に鉢用土のチェック。ハチの巣が数カ所につくられている。				
	６月末から７月頭にかけて、鉢バラと、地植えの四季咲き品種のみ嫌気性ぼかし肥料を施す。→P.117			四季咲き品種に、米ぬか発酵生ごみ堆肥か嫌気性ぼかし肥料を軽く掘って施す。 →P.116、117		
	地面に残る有機物を小さな虫が分解。 きのこが発生することもある。	 バラの株元の土		庭全体にうっすらと米ぬかまき。 地面にきのこ発生。		落葉樹の落ち葉の半分はそのまま地面に、半分は堆肥場へ移動。

Organic Rose Calendar

オーガニックカレンダー／矢崎恵子

	12月	1月	2月	3月	4月	5月
庭のバラの様子	最後のバラが凍えながら咲いている。	すっかり休眠期に入る。	動きはないが目覚めた気配。	新芽が展開する。	新葉がみずみずしく、蕾も見える。	一番花開花。下旬がピーク。
バラの世話	つるバラの誘引、剪定。鉢バラの（一部）用土替え。	つるバラの誘引、剪定。	しっかりバラと向き合い時間をかけて剪定。		蕾のつき具合をチェック。	花がら摘み。
病気のこと						黒点病発現。すべてではないが手で取る。 うどんこ病は上に屋根のあるところのみに発病。重曹1000倍液を噴霧。
虫のこと	クモの巣が多い朝がある。			暖かくなるといろいろな虫が有機物を分解。 地中にはコガネムシの幼虫も散見されるが被害はそれほどではない。	蕾にアブラムシが群がる。テントウムシやヒラタアブの幼虫が食べる。	ミツバチ、マルハナバチ、コアシナガバチなどがよく花粉を集めている。 バラゾウムシが少し出る。目についたものは手でつぶす。
肥料のこと	米ぬか発酵生ごみ堆肥と嫌気性ぼかし肥料は一年中つくっている。→P.116、118 嫌気性ぼかし肥料は２～３カ月に一度ぐらい仕込む。					
肥料のこと		元肥として米ぬか発酵生ごみ堆肥を、地植えと鉢バラに、軽く掘って施す。 →P.116		鉢バラは、雨による肥料の流亡などを考慮し、嫌気性ぼかし肥料を軽く掘って施す。芽出し肥としても。 →P.117		
土のこと	米ぬかを地面にぱらぱらまく。 寒さ対策で表土にバーク堆肥をマルチング。		カニ殻を表土にばらばらまき、その上にもみ殻くん炭と米ぬかを混ぜてまく。できれば雨の前に。	落ち葉の下で白い菌糸を発見。	地面にきのこが発生することがある。	野積みしていた草や枝が堆肥となる。それを地面にマルチング。 太枝を燃やし、その灰を株元にまく。

ツクシイバラと
マルハナバチ

米ぬかまきと有機物マルチで生きている土づくり

この本に登場する仲間たちは、オーガニックでバラを育てるには微生物や生き物にあふれた土づくりが一番大切だと考えています。そこで、みんなの土台になっている考え方をお話ししましょう。

　自然の森や林の土壌は、常に厚い腐葉土に覆われています。この腐葉土の層では、たくさんの虫や小動物、微生物たちによって、未熟な有機物が分解されています。ここでは、植物は根を十分に張ることができません。芽吹いた雑草も枯れてしまいます。私は、この層を「分解層」と呼んでいます。

　分厚い腐葉土の下には、黒々とした土の層が広がっていますが、ここにはもう未熟な有機物は含まれていません。植物の根が張るのに適した土壌です。私は、この層を「完熟層」と呼んでいます。ここでは、ミミズが縦横無尽にトンネルを掘って土を耕し新鮮な空気を送りこんでいます。また、植物の根のまわりには、土の表層とはまた違った微生物が共生し、植物の生育を助けています。

　この仕組みに倣って土づくりをしようというのが、米ぬか

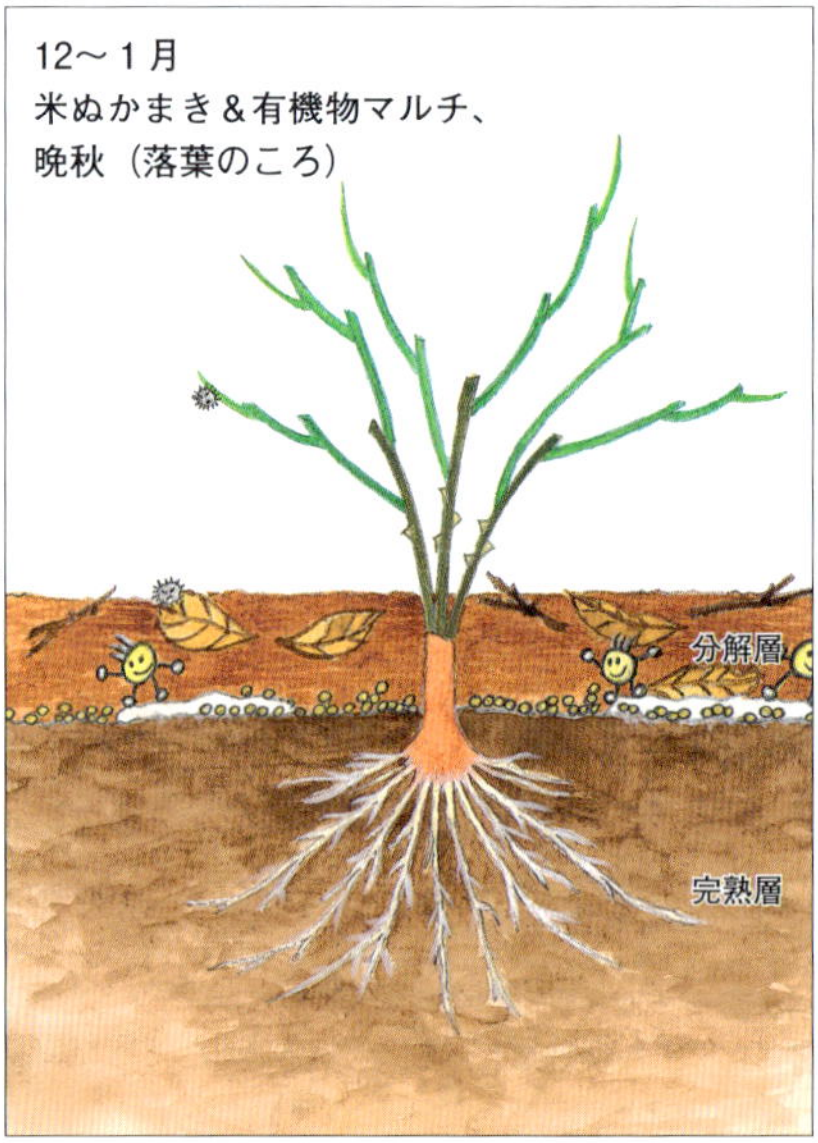

米ぬかをうっすらとまいたあと、有機物で分厚くマルチする。有機物マルチの下に白い菌糸が出る。

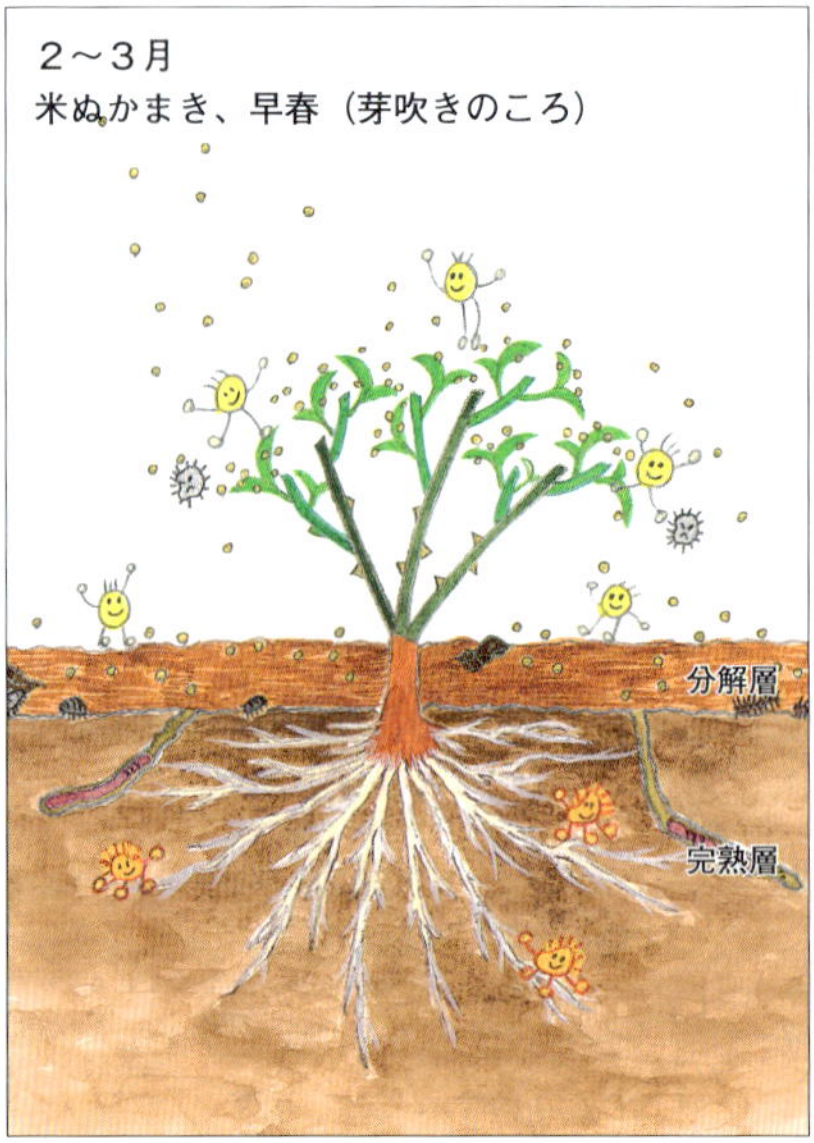

葉にもかかるよう、米ぬかをうっすらと庭全体にまく。白い菌糸が消え、有機物マルチがクッキーのように固まり、かさが少し減る。

まきと有機物マルチによる土づくりです。
下の図は、冬に分厚く有機物マルチをし、季節の変わり目ごとに、微生物を元気づける米ぬかを土の表層にまいていった場合の土の変化を表わしています。

有機物マルチは、森や林に積もる分厚い腐葉土の層を庭で再現しようとするものです。本書に登場した仲間たちも、馬糞堆肥やもみ殻、稲わら、庭の残渣、生ごみを発酵させてつくった堆肥などの有機物を使って庭土をマルチし、庭の中に分解層をつくっています。有機物をすきこむ場合でも、表層のみにとどめ、完熟層を侵すことはしません。初めて未熟な有機物でマルチする場合、虫の害や腐敗を避けるには冬がよいのですが、慣れてくれば、仲間たちのようにどの季節にも行なうことができます。土を常に有機物で覆っておくと、耕さなくても生き物たちの力で土がふかふかになっていきます。

季節の変わり目ごとに米ぬかをまくのは、リレーするように移り変わる庭の善玉菌をパワーアップさせるためです。元気になった庭の善玉菌は、土をよくしてくれるだけでなく、病気からバラを守ってくれることも期待できます。米ぬかをまくときは、葉にもうっすらとかかるようにしてまくとよいようです。

小竹幸子

葉にもかかるよう、米ぬかをうっすらと庭全体にまく。ダンゴムシやヤスデ、ミミズ、微生物などの働きで、有機物マルチはどんどん分解されていく。

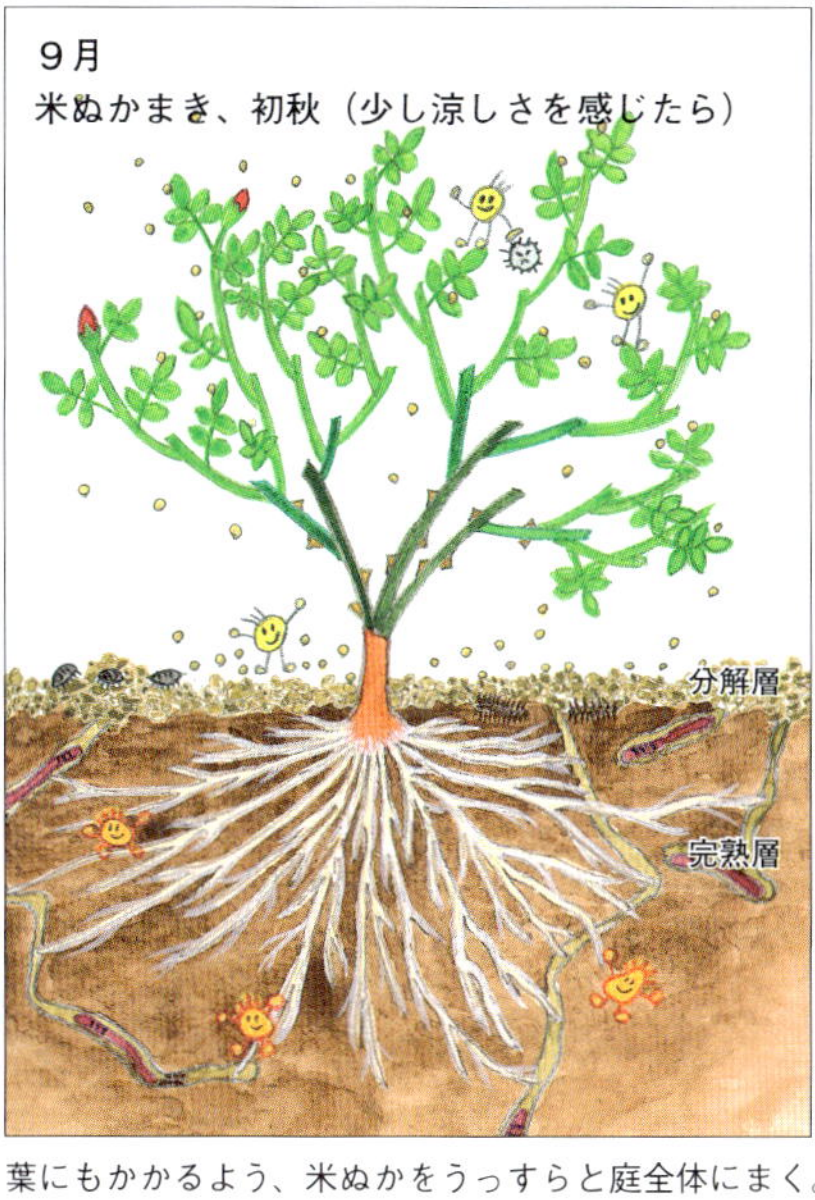

葉にもかかるよう、米ぬかをうっすらと庭全体にまく。夏の間に、冬にマルチした有機物はきれいに分解され、庭土が赤玉土のように団粒化する。

おわりに

ここに集った仲間たちがバラを育てはじめた1990年代後半は、幸いなことに、インターネットが家庭にも普及しはじめたころでした。それまでガーデニング雑誌や栽培本を片手に孤軍奮闘していたガーデナーたちのバラ庭が、インターネットを通して一気につながりはじめたのです。

すると、どうでしょう。農薬に頼ることのないバラの病虫害対策がつぎつぎとホームページの掲示板で提案され、みんなが同時に実践しては情報を交換し、バラのオーガニックな栽培法が徐々に進化していったのです。

それにともない、バラ庭を持つ私たちの意識も大きく変化していきました。人間の力でバラを管理栽培するという発想から、自然の営みを尊重して、庭にすむさまざまな生命とともにバラを育み愉しむという方向に進歩していったのです。

この本の執筆者である大石忍さん、片寄敬子さん、神吉晃子さん、佐藤和彦さん、中村敦子さん、中村良美さん、松本隆司さん、矢崎恵子さん、そして、巻頭の素晴らしい写真を提供してくださった鵜飼寿子さん、編集をともに行なった『無農薬でバラ庭を』の著者である小竹幸子さんは、みんなインターネットを通してつながっている〝オーガニック・ローズ仲間〟です。そしてこの仲間たちそれぞれが、さらに多くの仲間たちとつながっています。

この本は、そんな無農薬のバラづくりを一緒に模索してきたみんなの想いが集まってできた一冊だと思っています。これまでかかわってくださったすべての仲間たちに、まず最初に感謝の気持ちを伝えたいと思います。

本書の内容がそうであるように、無農薬のバラづくりに〝こうでなければならない〟という決まりごとはありません。本書をきっかけに、あなたならではの栽培法や愉しみがみつかれば幸いです。

「いつか、みんなの本ができたらいいね」。この夢をかなえてくださった築地書館の橋本ひとみさんには、多大なるご尽力をいただきました。また、僕が兄貴と慕う石川源さんの事務所の秋山香代子さんには素敵なブックデザインをしていただきました。ほんとうにありがとうございました。

自然を愛し、バラを慈しむ心豊かな日々のために。バラはだんぜん無農薬。

２０１０年９月吉日

梶浦道成

編者紹介

梶浦道成（かじうら・みちなり）

1995年、東京都渋谷区に事務所兼住居を建築。狭い壁庭でバラ栽培を続けている。

職業は、フリーランスのコピーライター。コマーシャルのアイデアに煮詰まっては庭仕事に逃げこむ“ちょこちょこガーデナー”。

最初の2シーズンは、ガーデニング雑誌などの栽培ノウハウを鵜呑みにして、化学農薬や漢方農薬をせっせと散布。インターネットで知り合ったバラ仲間たちと情報交換を重ねつつ米ぬかによる無農薬栽培を追求。以来13年間、壁庭はオーガニックなバラづくりの実験場と化し、飽きることがない。

毎年、玄関のレモンの木から渋谷生まれのアゲハチョウがはばたいていくのが自慢だ。

ブログ〈カジヴィジョン〉http://blog.livedoor.jp/kajivi/

小竹幸子（おだけ・ゆきこ）

東京都町田市で、オーガニックなバラ庭づくりを始めて17年。

フルタイムで働く週末ガーデナー。

ネット仲間と情報交換しながら、試行錯誤のうえ「米ぬかオーガニック」にたどりついた。工夫しながら作業を重ね、5月に満開のバラに囲まれるのは最上の幸せ。

多少の虫食いはOK。おおらかな気持ちでバラ庭を楽しんでいる。

庭の成長とともに大きくなった長男は今や大学生、次男は高校生。

趣味は、園芸のほかに、パンやケーキ、家族が喜ぶおいしいものをつくることと、夫との小旅行。

ホームページ〈庭造りの愉しみ〉http://yukikoo.web.fc2.com/

ブログ〈Organic Roses〉http://yukiko17roses.blog48.fc2.com/

執筆者＆写真提供者ブログ

松本隆司〈趣味は園芸の農芸家〉http://takasisi.at.webry.info/
佐藤和彦〈Sato Nursery's Blog〉http://stnsr.exblog.jp/
〈rosarium in the sky〉http://skyrosarium.blog69.fc2.com/
神吉晃子〈ココの日々〉http://totobebe.exblog.jp/
中村敦子〈Acchan's ROSE GARDEN〉http://pompeechan.blog17.fc2.com/
大石忍〈りきの毎日〉http://rikiaru.exblog.jp/
片寄敬子〈やさしい庭〉http://telesarose.blog98.fc2.com/
中村良美〈Golden Wings〉http://poco0704.blog102.fc2.com/
矢崎恵子〈ROSASOLIS〉http://bacillussa.exblog.jp/
鵜飼寿子〈Days in Focus〉http://hisako21.blog6.fc2.com/

バラはだんぜん無農薬

9人9通りの米ぬかオーガニック

2010年11月15日　初版発行
2012年 5 月 1 日　3 刷発行

編者　梶浦道成＋小竹幸子
発行者　土井二郎
発行所　築地書館株式会社
〒104-0045
東京都中央区築地7-4-4-201
☎03-3542-3731　FAX 03-3541-5799
http://www.tsukiji-shokan.co.jp/
振替00110-5-19057
印刷製本　シナノ印刷株式会社
装丁
本文デザイン　石川源事務所　秋山香代子

 ISBN978-4-8067-1407-1

築地書館の本

無農薬でバラ庭を

米ぬかオーガニック12カ月

小竹幸子［著］　2200円＋税　◎5刷

バラ革命の本！
15年の蓄積から生まれた、米ぬかによる
簡単・安全・豊かなバラ庭づくりの方法を紹介。
各月の作業を、バラや虫、土など、庭の様子をまじえて
具体的に解説します。
著者が庭で育てているオーガニック・ローズ78品種を
カラー写真付きで掲載。
「うどんこ病対策レシピ」などコラムも充実。

はじめてのバラこそ無農薬

ひと鉢からの米ぬかオーガニック

小竹幸子［著］　1800円＋税

はじめよう！　オーガニックで簡単バラづくり。
苗の選び方、植える場所、植え方、土づくり、
水やり、肥料のやり方……。
初心者から経験者まで、
オーガニック・ローズ栽培の疑問・質問にお答えします。
無農薬栽培に向くバラ35品種を紹介。
オーガニックなバラと一緒に楽しむ草花・樹木も掲載。

価格・刷数は2012年4月現在
総合図書目録進呈します。ご請求は下記宛先まで
〒104-0045 東京都中央区築地7-4-4-201 築地書館営業部
http://www.tsukiji-shokan.co.jp/
メールマガジン「築地書館 BOOK NEWS」のお申し込みはホームページから